JN021207

だれにでも覚えられる ゼッタイ基礎ボキャブラリー

新ゼロからスタート 韓国語単語

音声
ダウンロード
付

BASIC 1000

鶴見ユミ
Yumi Tsurumi

Jリサーチ出版

実際の会話場面ですぐに使える基本単語を掲載！

　本書には、簡単な日常会話ができるTOPIK韓国語能力検定1級程度の1000単語にプラスして、エンターテインメントやグルメ、美容などに使える話したくなる200単語を掲載しています。

　憧れのK-POPアイドルや俳優が好きでいつか韓国に行ってみたいけれど、語学は得意じゃないからと学習をためらっているビギナーのみなさんのために、基本的な会話に必要な単語だけをピックアップしました。あわせて、その単語を使ってすぐに話せるように、覚えやすくて短いフレーズも掲載しました。

　韓国語には日本語と同じ漢字を使う単語が多く発音も似ていますし、日本語と語順が同じなのですぐに文章を組み立てることができます。

また、外国語の習得にはアウトプットが大事です。付録の音声を聞きながら繰り返し発音することで、記憶に定着させることができます。ぜひ音声も活用してください。

　さらに、韓国語をマスターするために必要ないくつかのコツを巻頭に掲載しました。まず巻頭のコツを読んでから本文に進めば、スムーズに学習をスタートできます。後々、応用がきくように、基礎文法はすべて掲載しています。

　韓国には、おいしくてSNS映えする新しい食べ物や伝統食、コンサートだけではなく、映画やミュージカルなど身近なエンターテインメント、おしゃれなカフェやかわいい雑貨、大切に保存された古い町並み……など、魅力がいっぱいです。
　日々進化する韓国の魅力的な文化を直接体験できるように、本書が皆さんのお役に立てるよう心から願っています。

鶴見ユミ

もくじ

この本の使い方

本書は日常会話ができるTOPIK韓国語能力検定Ⅰ級程度の
1000単語を掲載したBASICと、
エンターテインメントやグルメ、美容などの最新単語200を
掲載したEXTRAのふたつに分かれています。

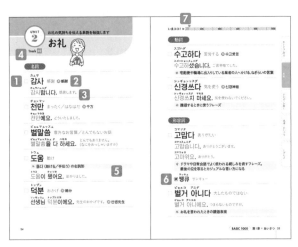

BASIC

1 韓国語単語
補助カナは入門者のための参考です。音声をよく聞いて覚えましょう。

2 漢
漢字語。日本の漢字の読み方と近いので覚えやすい単語です。

3 フレーズ
見出しの単語を使ったフレーズです。すぐに話せるように短いフレーズを掲載しています。

4 音声トラック
ダウンロード音声のトラック番号です。

5 ミニ知識
単語やフレーズについて、プラスαになる情報を紹介しています。

6 関連単語
見出しの単語の類=類語、派=派生語、反=反意語、同=同義語を紹介しています。

7 いまココ！
どのくらいまで単語を覚えたかがひと目でわかります。

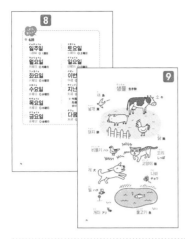

8 これも覚えよう
見出しの単語以外に、覚えておく
とさらに役立つ単語です。

9 イラストページ
UNIT 内に出てくる単語がひと目で
わかるページです。

■ 赤シート
付属の赤シートを当てると、語彙
の赤字が消えます。覚えたかどう
か確認するために利用しましょう。

EXTRA
エンタメ、美容・グルメ、恋愛・結婚など、いまの
韓国を楽しむための単語を網羅しました。現地
で韓国語を話したり、日本で韓国人とコミュニ
ケーションをとる際に役立つ便利な単語集です。

ダウンロード音声
「韓国語単語」「意味」「例文」の音声は無料ダウ
ンロードサービスで利用できます。ダウンロード
のしかたは次のページ (P8) を参照してください。

カタカナ読み
発音のヒントとして、すべての単語と例文にカタ
カナ読みをつけています。付属の音声を併用し
て確認してください。
ハングルの読み方が大体わかったら、なるべく
カタカナ読みを見ないようにしましょう。上から
線を引いたり塗りつぶしたりしてもいいでしょう。

音声ダウンロードのしかた

STEP 1 音声ダウンロード用のサイトにアクセス！
QRコードを読み取るか、URLを直接入力
https://audiobook.jp/exchange/jresearch

STEP 2 表示されたページから、
audiobook.jp への登録ページに進み、
会員登録をする

「audiobook.jp に会員登録（無料）」をクリック
＊ 音声のダウンロードには、
audiobook.jp への会員登録（無料）が必要です。

登録ページでメールアドレス・パスワード
（英数字の8ケタ以上）・名前・生年月日・性別を入力
▶ 規約を読む
▶ 「確認」をクリック
▶ 登録完了

STEP 3 「ご登録が完了しました」のページから
ダウンロードのページに戻る

「ダウンロードページ」をクリックして、
表示されたページの「シリアルコードをご入力ください」
の下の欄に「24918」を入力して「送信」をクリックする

STEP 4 音声をダウンロードする

「無料でオーディオブックを受け取る」をクリック
▶ 「本棚で確認する」をクリック
▶ 「ダウンロード」をクリック（「全体版」をダウンロード）
＊ PCの場合は、「本棚」から音声をダウンロードしてください。
スマートフォンの場合は、アプリの案内が出ますので、
アプリからご利用ください。

ご注意

● PCからでも、iPhoneやAndroidのスマートフォンからでも音声を再生いただけます。
● 音声は何度でもダウンロード・再生いただくことができます。
● ダウンロードについてのお問い合わせ先：
info@febe.jp（受付時間：平日の10〜20時）

韓国語の基本

まずは、韓国語のしくみについて学びましょう。
韓国語の単語の覚え方のポイントについても紹介します。
初心者でも簡単にマスターできる
韓国語の学習をスタート！

韓国語単語を覚える

「読む」「書く」「聞く」にポイントをしぼった
ビギナー向けの独学の勉強法を紹介するので
参考にしてください。

ポイント 1 「読む」
最初から完璧な発音を目指さない

　韓国語には、日本語にはない高い音까(ッカ) や、日本人には区別が難しい音「オ」（ㅗ [o] と ㅓ [ɔ]）などがあります。では完璧な発音でなければ通じないのでしょうか。

　ソウルの地下鉄には신촌駅と신천駅があり、カタカナではどちらも「シンチョン」。人の名前や地名などの固有名詞は正確に発音しないと通じないことがありますが、「延世大学があるシンチョン」とフレーズにすればしっかり通じます。発音がきれいであるに越したことはありません。でも言葉というのはフレーズで成り立っていますし、意思疎通することが目的ですから、最初からネイティブのような完璧な発音である必要はありません。

ポイント 2 「読む」
まずは文字を覚える

　初めから翻訳機を使うと、応用力は身につきません。

　韓国語には漢字表記がないので、文字さえ覚えてしまえば、意味はわからなくても読むことができます。スマホに韓国語のフォントを追加すればその日からハングルを入力することもでき、NAVER や Daum など韓国のポータルサイトの無料辞書や辞書アプリを使うこともできます。あせらず、しっかりと文字を読み書きできるようになりましょう！

4つのポイント

ポイント 3 「書く」
述語だけのフレーズを書いてみる

文字を覚えたら、述語だけのフレーズを覚えましょう。述語が話せれば最低限の意思を伝えることができます。

最初から長いフレーズは覚えられないので、本書の「動詞」「形容詞」「存在詞」など用言の基本形を口語体に直した述語から覚えて、単語を増やしていくのがコツです。

慣れてきたら、어디에（オディエ どこに）や강남에（カンナメ 江南に）などの主語をつなげます。

ポイント 4 「聞く」
短いフレーズを繰り返し聞いてみる

「書く」ことと同時に、「聞く」練習をしましょう。外国語の歌も、繰り返し聞くことで歌詞を丸暗記することができます。音に慣れるためだけであれば韓国語の歌を聴くこともおすすめですが、丸暗記では意味まではわかりません。

短いフレーズを繰り返して聞いて、覚えることが大切です。本書ではビギナー向けに短いフレーズばかりを掲載しましたので、まずは述語の部分から聞き取れるように集中。慣れてきたら主語を聞き取って、全体の意味を理解する練習をしましょう。

音読すると発音もきれいになりますし、記憶にも定着してさらに効果的です。

韓国語の基本

韓国語の勉強を始める前に、
韓国語の特徴や日本語との共通点などを知りましょう。

★ 日本語との共通点

ポイント 1 漢字語の発音が日本語に似ている

あくしゅ 握手	アクス 악수
日本語	韓国語

かしゅ 歌手	カス 가수
日本語	韓国語

ポイント 2 主語＋述語の語順がほとんど同じ

チョヌン 저는	イルボンサラミムニダ 일본사람입니다.
主語	述語
私は	日本人です。

ポイント 3 「〜する」にあたる動詞がある

アクス ハダ
악수하다
握手　する

「〜する」にあたる하다（ハダ）動詞は、漢字語の二字熟語につなげて使える便利な言葉です。

ポイント 4 「て、に、を、は」にあたる助詞がある

日本語と同じように、「（だれだれ）〜は」「（なになに）〜を」など主語につく助詞があります。

ポイント ⑤ 主語がなくても会話が成立する

　日本語と同じように、会話では「明日、出発します」のように、主語や目的語を省いても相手に通じます。

ポイント ⑥ 「です・ます」にあたる話し言葉がある

　かしこまった語尾の格式体＝합니다体 (ハムニダ体) である「ㅂ니다.／ㅂ니까?」(ムニダ/ムニッカ) と、一般的な会話に使う親しみのある語尾の非格式体 ＝ 해요体 (ヘヨ体) である「요.」(ヨ) があります。

ポイント ⑦ 尊敬表現がある

　日本語と同じで、尊敬語も謙譲語もあります。目上の人を敬う文化がありますので、尊敬語は必ずマスターしなければなりません。

ジュダ
주다
あげる

トゥリダ
드리다
差し上げる

ポイント ⑧ 日本語と同じ漢字が6割以上ある

　韓国語は漢字表記はしませんが、日本語と共通する漢字語が熟語全体の6割ほどあり、日本語の漢字の音読みと韓国語の漢字語の発音がよく似ています。日本語の漢字には音読みと訓読みがありますが、韓国語で使う漢字語には音読みしかありません。

　たとえば、가수歌手の가「歌」は日本語では「うた」「カ」と、ふたつの読み方がありますが、韓国語では「カ」ひとつの読み方しかありません。「歌」は発音も日本語の音読みと同じです。

★ 覚えておこう！
その他の韓国語の特徴

特徴 ① 男言葉、女言葉がない

　すべての語尾が男女の区別なく使われます。また、日本語のように「僕」「俺」「わたし」など人称代名詞にも男女の区別がありません。

特徴 ② くだけた言葉遣いがある

　親しい人同士、同い年の人同士、目下の人に対して使うカジュアルな「반말」(パンマル) という言葉遣いがあります。目上の人には絶対に使ってはいけません。

特徴 ③ 韓国語の活用形はたった３種類！

　韓国語はすべての用言をⅠ・Ⅱ・Ⅲ種類のパターンで活用することができます。そのほかに、それらに当てはまらない特殊語幹用言が２種類、変格活用用言が６種類ありますが、これらもⅠ・Ⅱ・Ⅲ種類のパターンを応用して規則的に活用することができます。

＊韓国語の活用に関してはP16を参照してください

ハングルのしくみ

ハングルは基本母音10個と子音19個があり、
それをローマ字のように組み合わせて発音します。
P18の反切表の縦の文字「子音」と、
横の文字「母音」を組み合わせて文字を作ってみましょう。

● 韓国語で가수（歌手）と書いてみよう

ヨコの組み合わせ

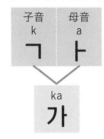

タテの組み合わせ

ローマ字とは違う
上下表示の文字も
ある

● 自分の名前を書いてみよう

まゆ

（ま）子音からㅁを探す→母音からㅏを探す＝마 ↘

（ゆ）子音からㅇを探す→母音からㅠを探す＝유 ↗ 　**마유**

＊日本語の母音アイウエオを書く場合は、
必ず何も発音しない子音のㅇをつける

さら

（さ）子音からㅅを探す→母音からㅏを探す＝사 ↘

（ら）子音からㄹを探す→母音からㅏを探す＝라 ↗ 　**사라**

韓国語の活用形について

韓国語の活用形には、第Ⅰ活用、第Ⅱ活用、第Ⅲ活用の
3種類しかありません。

● 活用とは？

　日本語でも、基本形（辞書形）「行く」に話し言葉の「～ま
す」（日本語では連用形）をつけると、「行きます」となり、「く」
の部分が「き」に変わります。このような変化のことを文法
で活用といいます。韓国語も日本語と同様の活用形があり、
それらの種類は基本的には3種類で、特殊な活用をする用
言が8種類あります。

● 基本形のしくみ

　基本形の語尾はすべて다で終わります。다の前の部分を
語幹といい、活用するときは必ず語尾の다を取ります。基本
的には다の直前の部分である語幹末を活用します。

基本形	ポ　　ダ 보 다　見る 語幹　語尾
ヘヨ体（親しみを込めた丁寧語）▶	봐요（パヨ　見ます）
ハムニダ体（丁寧語）　　　　　▶	봅니다（ポムニダ　見ます）
タメロ（パンマル）　　　　　　▶	봐（パ　見るよ）
ヘヨ体の疑問形　　　　　　　▶	봐요？（パヨ？　見ますか？）
ハムニダ体の疑問形　　　　　▶	봅니까？（ポムニッカ？　見ますか？）

基本形	먹 다 食べる

モク タ

먹（語幹） 다（語尾）

ヘヨ体（親しみを込めた丁寧語）	▷ 먹어요（モゴヨ 食べます）
ハムニダ体（丁寧語）	▷ 먹습니다（モクスムニダ 食べます）
タメ口（パンマル）	▷ 먹어（モゴ 食べるよ）
ヘヨ体の疑問形	▷ 먹어요?（モゴヨ? 食べますか?）
ハムニダ体の疑問形	▷ 먹습니까? （モクスムニッカ? 食べますか?）

● 活用一覧表

活用の種類	基本形	語幹末（基本形から다をとる）	
第Ⅰ活用	보다	보	
	먹다	먹	
第Ⅱ活用	보다	語幹末にパッチムなし	보
	먹다	語幹末にパッチムあり 語幹に으をつなげる	먹으
第Ⅲ活用	보다 語幹末の 母音が ㅗ	語幹末の母音が 陽母音ㅏ、ㅑ、ㅗのときに 語幹末にㅏをつなげる	보아→ 봐*
	먹다 語幹末の 母音が ㅓ	語幹末の母音が 陰母音（陽母音以外）のときに 語幹末にㅓをつなげる	먹어

＊보아のように合成母音にできるものは縮約して봐になる

<ruby>反切表<rt>はんせつひょう</rt></ruby>

子音＼母音	ㅏ [a]	ㅑ [ja]	ㅓ [ɔ]	ㅕ [jɔ]	ㅗ [o]	ㅛ [jo]	ㅜ [u]	ㅠ [ju]	ㅡ [ɯ]	ㅣ [i]
ㄱ [k/g]	가	갸	거	겨	고	교	구	규	그	기
ㄴ [n]	나	냐	너	녀	노	뇨	누	뉴	느	니
ㄷ [t/d]	다	댜	더	뎌	도	됴	두	듀	드	디
ㄹ [r/l]	라	랴	러	려	로	료	루	류	르	리
ㅁ [m]	마	먀	머	며	모	묘	무	뮤	므	미
ㅂ [p/b]	바	뱌	버	벼	보	뵤	부	뷰	브	비
ㅅ [s/ʃ]	사	샤	서	셔	소	쇼	수	슈	스	시
ㅇ [φ/ŋ]	아	야	어	여	오	요	우	유	으	이
ㅈ [tʃ/dz]	자	쟈	저	져	조	죠	주	쥬	즈	지
ㅊ [tʃh]	차	챠	처	쳐	초	쵸	추	츄	츠	치
ㅋ [kh]	카	캬	커	켜	코	쿄	쿠	큐	크	키
ㅌ [th]	타	탸	터	텨	토	툐	투	튜	트	티
ㅍ [ph]	파	퍄	퍼	펴	포	표	푸	퓨	프	피
ㅎ [h]	하	햐	허	혀	호	효	후	휴	흐	히
ㄲ [ˀk]	까	꺄	꺼	껴	꼬	꾜	꾸	뀨	끄	끼
ㄸ [ˀt]	따	땨	떠	뗘	또	뚀	뚜	뜌	뜨	띠
ㅃ [ˀp]	빠	뺘	뻐	뼈	뽀	뾰	뿌	쀼	쁘	삐
ㅆ [ˀs]	싸	쌰	써	쎠	쏘	쑈	쑤	쓔	쓰	씨
ㅉ [ˀtʃ]	짜	쨔	쩌	쪄	쪼	쬬	쭈	쮸	쯔	찌

＊ㅑ、ㅕ、ㅛ、ㅠは、発音記号ではjで表記しますが、実際の発音はyの音です。

子音＼合成母音	ㅐ [ɛ]	ㅒ [jɛ]	ㅔ [e]	ㅖ [je]	ㅘ [wa]	ㅙ [we]	ㅚ [we]	ㅝ [wɔ]	ㅞ [we]	ㅟ [ui]	ㅢ [ɯi]
ㅇ [φ]	애	얘	에	예	와	왜	외	워	웨	위	의

第 **1** 章

あいさつ

Track 01 ～ 05

現地の人と親しくなるために、
基本のあいさつをしっかり覚えておきましょう。
そのほか、お礼やおわび、あいづちなど、
基本の単語を勉強します。

あいさつや出会いの場で使える単語を勉強します

あいさつ・紹介

名詞

アンニョン
□ **안녕** おはよう ㊥安寧

アンニョンハセヨ
안녕하세요. おはようございます。／こんにちは。／こんばんは。

＊ 안녕하세요. は、1日中使えるあいさつの言葉。お店に入るとき
などにも使える。親しい友人同士や年下の相手限定ならば、
안녕 (アンニョン) だけでもOK！

オレガンマン
□ **오래간만** 久しぶり

オレガンマニエヨ
오래간만이에요. お久しぶりです。

シクサ
□ **식사** 食事 ㊥食事

シクサヘッソヨ
식사했어요? 食事しましたか？

＊ お昼や夕食どきに訪ねてきた友人・知人を気遣う、
定番のあいさつ表現

アニョ　アジク　モッ　テッソヨ
아뇨. 아직 못 했어요. いいえ。まだ済ませていません。

＊ まだ食べていないときに使う

カッチ　モグロ　カヨ
같이 먹으러 가요. 一緒に食べに行きましょう。

＊ 実際に誘うのが韓国式マナー

動詞

□ **뵙다** ペプタ お目にかかる／お会いする

＊ 만나다(マンナダ)の謙譲語

처음 뵙겠습니다. チョウム ペプケッスムニダ 初めまして。

＊ 初対面の人とのあいさつでは、フォーマルな語尾の
ハムニダ体を使う。뵙겠습니다は뵙다のハムニダ体。
겠は意思を表す接尾辞

□ **만나다** マンナダ 会う

만나서 반갑습니다. マンナソ パンガプスムニダ お会いできてうれしいです。

□ **지내다** チネダ 過ごす／暮らす

잘 지내요? チャル チネヨ お元気ですか？

□ **가시다** カシダ 行かれる／お行きになる

안녕히 가세요. アンニョンヒ カセヨ さようなら。

＊ 別れるときに、見送る人の側が使う表現

□ **계시다** ケシダ いらっしゃる／おられる

안녕히 계세요. アンニョンヒ ケセヨ さようなら。

＊ 別れるときに、去る側の人が使う表現

□ **인사하다** あいさつする
インサハダ

인사하세요. あいさつしてください。
インサハセヨ

＊ 友人や知人にあいさつを促すフォーマルな表現

□ **소개하다** 紹介する
ソゲハダ

소개해 주세요. 紹介してください。
ソゲヘ　ジュセヨ

우리 친구 소개할게요. わたしの友人 (を) 紹介しますね。
ウリ　チング　ソゲハルッケヨ

形容詞

□ **어떻다** どうだ/どのようだ
オットッタ

요즘 어떻게 지내세요? 最近いかがお過ごしですか？
ヨジュム　オットッケ　チネセヨ

집에서 어떻게 지내요? 家でどう過ごしていますか？
チベソ　オットッケ　チネヨ

□ **바쁘다** 忙しい
バップダ

좀 바빠요. ちょっと忙しいです。
チョム　バッパヨ

일이 많아서 바빠요. 仕事が多くて忙しいです。
イリ　マナソ　バッパヨ

これも
覚えよう

● 名詞

□ **건강** コンガン
健康 凄健康

コンガンウン オットセヨ
건강은 어떠세요? お体の調子はいかがですか？

● 動詞

□ **다녀오다** タニョオダ
行ってくる

タニョオゲッスムニダ
다녀오겠습니다. 行ってきます。

□ **주무시다** チュムシダ
お休みになる

アンニョンヒ チュムセヨ
안녕히 주무세요. おやすみなさい。

□ **조심하다** チョシマダ
気をつける 凄조심操心

モム チョシマセヨ
몸 조심하세요. お体に気をつけてください。

□ **전하다** チョナダ
伝える 凄전伝

アンブ ジョネ ジュセヨ
안부 전해 주세요. よろしくお伝えください。
凄안부安否

UNIT 2

お礼の気持ちを伝える単語を勉強します

お礼

Track 02

名詞

□ **감사** ^{カムサ} 感謝 ⚓感謝

감사합니다. ^{カムサハムニダ} 感謝します。

□ **천만** ^{チョンマン} まったく／はなはだ ⚓千万

천만에요. ^{チョンマネヨ} どういたしまして。

□ **별말씀** ^{ビョルマルッスム} 意外なお言葉／とんでもないお話

별말씀을 다 하세요. ^{ビョルマルッスムル タ ハセヨ} とんでもありません。
（なにをおっしゃいますか）

□ **도움** ^{トウム} 助け

＊ 돕다（助ける／手伝う）の名詞形

도움이 됐어요. ^{トウミ テッソヨ} 助かりました。

□ **덕분** ^{トップン} おかげ ⚓徳分

선생님 덕분이에요. ^{ソンセンニム トップニエヨ} 先生のおかげです。 ⚓선생先生

24

動詞

□ **수고하다** _{スゴハダ} 苦労する 🈟 수고受苦

수고하셨습니다. _{スゴハショッスムニダ} ご苦労様でした。

＊ 宅配便や職場に出入りしている業者の人へかける、ねぎらいの言葉

□ **신경쓰다** _{シンギョンッスダ} 気を使う 🈟 신경神経

신경쓰지 마세요. _{シンギョンッスジ マセヨ} 気を使わないでください。

＊ 謙遜するときに使うフレーズ

形容詞

□ **고맙다** _{コマプタ} ありがたい

고맙습니다. _{コマプスムニダ} ありがとうございます。

고마워요. _{コマウォヨ} ありがとう。

＊ ドラマや日常会話でよく使われる親しみを表すフレーズ。
　最後の요を取るとカジュアルな言い方になる

類 **땡큐** _{テンキュ} サンキュー

□ **별거 아니다** _{ピョルコ アニダ} 大したものではない

별거 아니에요. _{ピョルコ アニエヨ} つまらないものですが。
(大したことありませんよ)

＊ お礼を言われたときの謙遜表現

これも覚えよう

● 名詞

□ **친절** <small>チンジョル</small> 親切 <small>漢</small>親切

□ **관심** <small>クヮンシム</small> 関心 <small>漢</small>関心

관심이 있어요. <small>クヮンシミ イッソヨ</small> 興味があります。

> ＊ 初対面の韓国の人には韓国語を学んでいる理由や、
> 韓国に来た理由をしばしばたずねられる。
> **한국에 관심이 있어요.**
> (ハングゲ クヮンシミ イッソヨ　韓国に興味があります)
> **한국드라마에 관심이 있어요.** (ハングクドゥラマエ クヮンシミ イッソヨ
> 韓国ドラマに興味があります) と答えてみて！

□ **신세** <small>シンセ</small> 世話 <small>漢</small>身世

신세 많이 졌습니다. <small>シンセ マニ チョッスムニダ</small> 大変お世話になりました。

□ **걱정** <small>コクチョン</small> 心配

걱정하지 마세요. <small>コクチョン ハジ マセヨ</small> 心配しないでください。

□ **덕택** <small>トクテク</small> おかげ <small>漢</small>徳沢 ┊ □ **충고** <small>チュンゴ</small> 忠告 <small>漢</small>忠告

● 動詞

□ **칭찬하다** <small>チンチャナダ</small> ┊ □ **배려하다** <small>ペリョハダ</small>
ほめる <small>漢</small>칭찬称賛 ┊ 配慮する <small>漢</small>배려配慮

26

おわびやお願いのときに使う単語を勉強します

おわび・お願い

名詞

サグァ
□ **사과** 謝罪 　漢 謝過

サグァハゲッスムニダ
사과하겠습니다. 謝罪いたします。

ビョンミョン
□ **변명** 言い訳 　漢 弁明

ク　サラムン　　ビョンミョンウル　ヌロノアッソヨ
그 사람은 변명을　늘어놓았어요.
その人は言い訳をまくしたてました。

チェ　チャルモッ
□ **제 잘못** 私のミス (間違い)

チェ　チャルモシエヨ
제 잘못이에요. 私の間違いです。

動詞

プッタッカダ
□ **부탁하다** お願いする 　漢 부탁付託

アップロ　　チャル　プッタッカムニダ
앞으로 잘　부탁합니다. これからよろしくお願いします。

キダリダ
□ **기다리다** 待つ

ヨギソ　　キダリョ　ジュセヨ
여기서 기다려 주세요. ここでお待ちください。

□ **보이다** _{ポイダ} 見せる

여권을 보여 주세요. _{ヨックォヌル ポヨ ジュセヨ} パスポートを見せてください。

漢 여권旅券

□ **찍다** _{ッチクタ} 撮る

사진 찍어 주실래요? _{サジン ッチゴ ジュシルレヨ} 写真を撮ってもらえますか？

形容詞

□ **미안하다** _{ミアナダ} すまない／恐れ入る 漢 미안未安

늦어서 미안해요. _{ヌジョソ ミアネヨ} 遅れてごめんなさい。

□ **죄송하다** _{チェソンハダ} 恐縮だ／申し訳ない 漢 죄송罪悚

* 미안하다より、かしこまった場面で使う

죄송합니다. _{チェソンハムニダ} 申し訳ありません。

副詞

□ **다시 한번** _{タシ ハンボン} もう一度

다시 한번 말해 주세요. _{タシ ハンボン マレ ジュセヨ} もう一度言ってください。

これも
覚えよう

● 動詞

□ **잘못했다**
チャルモッテッタ
しくじった

□ **실수하다**
シルスハダ
ミスする 漢 실수失手

□ **폐를 끼치다**
ペルル　ッキチダ
迷惑をかける 漢 폐弊

□ **방해하다**
パンヘハダ
邪魔する 漢 방해妨害

□ **비난하다** 責める 漢 비난非難
ピナナダ

그 사람을 비난할 수 없어요. その人を
ク　サラムル　　ピナナル　ス　オプソヨ　責められません。

□ **까먹다** 失念する
ッカモクタ

약속을 까먹었어요. 約束をうっかり忘れてしまいました。
ヤクソグル　ッカモゴッソヨ

□ **잃다** 失くす
イルタ

술에 취해서 정신을 잃었어요.
スレ　　チュイヘソ　ジョンシヌル　イロッソヨ
酒に酔って気を失いました。

● 形容詞

□ **곤란하다** 困る 漢 곤란困難
コルラナダ

그 남자는 저를 곤란하게 만들었어요.
ク　ナムジャヌン　チョルル　コルラナゲ　　マンドゥロッソヨ
その男は私を困らせました。

会話の中での返事やあいづちを勉強します

返事・あいづち

名詞

□ **네 / 예** はい
ネ　　　イェ

ネ　　　アルゲッスムニダ
네, 알겠습니다. はい、わかりました。

＊ 女性は、ソフトな感じがする네を예よりもよく使う

□ **아니요 / 아뇨** いいえ／いえ
アニョ　　　　アニョ

＊ 아뇨は会話で使われる아니요の縮約形

アニョ　　チョヌン　ハクセンイ　アニエヨ
아니요, 저는 학생이 아니에요.
いいえ、私は学生ではありません。

副詞　＊ 副詞は単体であいづちの言葉として使える

□ **정말** 本当の話／本当 ㊌정正
チョンマル

オヌルン　　チョンマル　ナルッシガ　　チョッスムニダ
오늘은 정말 날씨가 좋습니다.
今日は本当に天気がいいです。

㊌ **진 짜** 本物／本当／マジ ㊌진真
チンッチャ

チンッチャ　マシッソヨ
진 짜 맛있어요. 本当においしいです。

＊ 진짜は정말よりカジュアルな場面で使う単語

□ **물론** もちろん
ムルロン

물론이에요. 참가할 수 있어요. もちろんです。参加できます。
ムルロニエヨ　チャムガハル　ッス　イッソヨ

動詞

□ **맞다** 当たる／的中する
マッタ

＊ 同意するときにも使える

너의 말이 맞아. 君の言うことが当たっている。
ノエ　マリ　マジャ

＊ 丁寧だけれどもハムニダ体よりも親しみのある
話し言葉のヘヨ体は、語尾の요を取るとタメ口になる。
맞다のヘヨ体は맞아요 (マジャヨ)。
フレーズでは요がなくてタメ口フレーズになっている。

□ **알다** 知る／わかる
アルダ

네, 알았어요. はい、わかりました。
ネ　アラッソヨ

＊ かしこまった表現のハムニダ体だと、
알겠습니다. (アルゲッスムニダ 承知しました)

□ **모르다** 知らない／わからない
モルダ

한국어는 모르겠어요. 韓国語はわかりません。
ハングゴヌン　モルゲッソヨ

＊ **누구예요?** (ヌグエヨ 誰ですか?) とたずねられたときには、
아는 사람이에요. (アヌン サラミエヨ 知人です)
모르는 사람이에요. (モルヌン サラミエヨ 知らない人です)
も覚えておくと便利

□ **그래요 / 그래요?**　そうですね/そうですか？
クレヨ　　　クレヨ

＊ 疑問形のときは語尾を上げて発音する

A : **남자친구가 명품 백을 사주었어요.**
　　ナムジャチングガ　ミョンプム　ベグル　サジュオッソヨ
A : 彼氏がブランドバッグを買ってくれました。

B : **아, 그래요?**
　　ア　クレヨ
B : あ、そうですか？

● **名詞**

□ **웬일**　どうしたこと/なにごと
ウェンニル

웬일이에요?　どうしたんですか？
ウェンニリエヨ

● **動詞**

□ **못하다**　できない
モッタダ

못해요.　できません。
モッテヨ

□ **틀리다**　間違う/間違える
トゥルリダ

틀렸어요.　間違えました。
トゥルリョッソヨ

32

あいさつ・紹介

お礼

おわび・お願い

返事・あいづち

たずねる

タルダ
□ **다르다** 違う

セギ　　タルラヨ
색이 달라요. 色が違います。

＊ 種類の違いを表すときに使う

アニダ
派 **아니다** ではない

チェッコ　アニエヨ
제거 아니에요. 私の (もの) じゃありません。

＊ 名詞を否定するときに使う

● **形容詞**

クェンチャンタ
□ **괜찮다** 大丈夫だ

クェンチャナヨ
괜찮아요. 大丈夫です。

チョッタ
□ **좋다** 良い/好き

チョアヨ
좋아요. いいです。好きです。

テダナダ
□ **대단하다** すごい/大したものだ

テダネヨ
대단해요. すごいです。

● **存在詞**

ムンジェ　オプタ
□ **문제 없다** 問題ない 漢 問題問題

ムンジェ　オプソヨ
문제 없어요. 問題ありません。

なにかを知りたいときに使う疑問詞を勉強します

たずねる

名詞

□ **얼마** （オルマ） いくら

이 신발은 얼마에요? （イ シンバルン オルマエヨ） この靴はいくらですか？

＊ 신발（シンバル）は「履物」。ほかに、구두（クドゥ 靴）、
운동화（ウンドンファ 運動靴）という単語も覚えておくと便利

□ **어디** （オディ） どこ

선희 씨의 집은 어디예요? （ソニ ッシエ チブン オディエヨ） ソニさんの家は
どこですか？

□ **뭐** （ムォ） なに

＊ 基本形の무엇（ムォッ なに）を短くして뭐

지금 뭐하고 있어요? （チグム ムォハゴ イッソヨ） 今、なにしているんですか？

□ **언제** （オンジェ） いつ

생일이 언제예요? （センイリ オンジェエヨ）
誕生日は（が）いつですか？ 漢 생일生日

언제 시간이 되나요? （オンジェ シガニ テナヨ） いつならいいですか？

＊ 直訳は「いつ時間が取れますか？」

□ **누구** ^{ヌグ} だれ

^{ヌグワ　サクィゴ　イッソヨ}
누구와 사귀고 있어요? だれとつき合っているんですか?

□ **왜** ^{ウェ} なぜ

^{ウェ　チガッケッソヨ}
왜 지각했어요? どうして遅刻したんですか? 漢 지각遅刻

□ **몇 명** ^{ミョン　ミョン} 何名 漢 명名

^{カジョギ　ミョン　ミョンイエヨ}
가족이 몇 명이에요? 家族は(が)何人ですか?

類 **몇 사람** ^{ミョッ　サラム} 何人

＊ 사람(人)は漢字由来の漢字語ではなく固有語

類 **몇 분** ^{ミョッ　プン} 何名様

^{ミョッ　プニセヨ}
몇 분이세요? 何名様ですか?

＊ お店の人がよく使うフレーズ。분は人の尊敬語

□ **얼마나** ^{オルマナ} どれくらい

＊ 分量をたずねる疑問詞

^{ハングゴルル　オルマナ　ヘヨ}
한국어를 얼마나 해요?
韓国語をどれくらい話しますか?

^{シガニ　オルマナ　コルリムニッカ}
시간이 얼마나 걸립니까?
時間は(が)どれくらいかかりますか?

これも
覚えよう

● **たずねるときのお役立ちフレーズ**

□ 어때요? <small>オッテヨ</small>　どうですか？

□ 봐도 돼요? <small>ポァド テヨ</small>　見てもいいですか？

□ 있어요? <small>イッソヨ</small>　ありますか？

□ 맛있어요? <small>マシッソヨ</small>　おいしいですか？

□ 매워요? <small>メウォヨ</small>　辛いですか？

□ 무슨 요일이에요? <small>ムスン ニョイリエヨ</small>　何曜日ですか？

□ 전화번호는 몇 번이에요? <small>チョナボノヌン ミョッ ポニエヨ</small>
電話番号は何番ですか？

□ 할 수 있어요? <small>ハル ス イッソヨ</small>　できますか？

□ 몇 년생이에요? <small>ミョン ニョンセンイエヨ</small>　何年生まれですか？

□ 화장실은 어디예요? <small>ファジャンシルン オディエヨ</small>　トイレはどこですか？

□ 몇 시예요? <small>ミョッ シエヨ</small>　何時ですか？

BASIC 1000

第 **2** 章

人

Track 06 ～ 12

家族、身体の部位、日々の感情など、
人に関する単語や気持ちを表す単語を学びます。
自己紹介やプロフィールを書くときにも、
覚えておくと便利です。

家族を呼ぶときに使う単語を勉強します

家族・呼びかけ

名詞

□ **저** ^{チョ} 私（わたくし）

チョヌン ハクセンイムニダ
저는 학생입니다. 私は学生です。

類 **나** ^ナ わたし／僕／俺

□ **우리** ^{ウリ} わたしたち／僕たち／俺たち

ウリ カジョグン ネミョンイエヨ
우리 가족은 4명이에요. 僕たちの家族は4人です。

類 **저희** ^{チョイ} 私たち／私ども

□ **어머니** ^{オモニ} 母／お母さん

オモニエ コヒャウグン プサニエヨ
어머니의 고향은 부산이에요. 母の故郷は釜山です。

漢 고향故郷

□ **아버지** ^{アボジ} 父／お父さん

アボジヌン フェサウォニセヨ
아버지는 회사원이세요. 父は会社員です。

＊ 名詞＋이세요＝～でいらっしゃいます。
　 韓国では祖父母や両親に対して敬語を使う

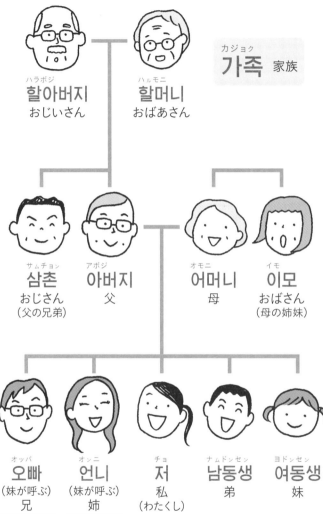

カジョク
가족 家族

ハラボジ **할아버지** おじいさん	ハルモニ **할머니** おばあさん

サムチョン
삼촌
おじさん
（父の兄弟）

アボジ
아버지
父

オモニ
어머니
母

イモ
이모
おばさん
（母の姉妹）

オッパ
오빠
（妹が呼ぶ）
兄

弟が
呼ぶときは
형
（ヒョン）

オンニ
언니
（妹が呼ぶ）
姉

弟が
呼ぶときは
누나
（ヌナ）

チョ
저
私
（わたくし）

ナムドンセン
남동생
弟

ヨドンセン
여동생
妹

家族・呼びかけ

身体と特徴

性格

ポジティブな感情

ネガティブな感情

コミュニケーション

気持ちを表す動作

□ **오빠** オッパ （女性が使う）お兄さん／兄／親しい先輩

오빠는 25살이에요. 兄は25歳です。
オッパヌン　スムタソッサリエヨ

＊ 実兄以外にも、好きな年上の芸能人や親しい先輩を
　 呼ぶときにも使う

나와 오빠는 4살 차이예요.
ナワ　オッパヌン　ネサル　チャイエヨ
わたしと兄は4歳違いです。

＊ 차이（差）

□ **언니** オンニ （女性が使う）お姉さん／姉

언니는 남자친구가 있어요.
オンニヌン　ナムジャチングガ　イッソヨ
姉はボーイフレンドがいます。

＊ 実姉以外にも親しい先輩を呼ぶときにも使う

언니에게 자주 옷을 빌립니다.
オンニエゲ　チャジュ　オスル　ビルリムニダ
姉によく服を借ります。

□ **형** ヒョン （男性が使う）お兄さん／兄 漢兄

나와 형은 사이가 좋아요. 僕と兄は仲が良いです。
ナワ　ヒョンウン　サイガ　チョアヨ

□ **누나** ヌナ （男性が使う）お姉さん／姉

누나는 영어가 특기예요. 姉は英語が特技です。
ヌナヌン　ヨンオガ　トゥッキエヨ

40

● 名詞

□ **가족** 家族 漢家族
　カジョク

□ **동생** 妹弟の総称／親しい後輩 漢同生
　トンセン
　類 **여동생** 妹　**남동생** 弟
　ヨドンセン　ナムドンセン

□ **할아버지** おじいさん
　ハラボジ

□ **할머니** おばあさん
　ハルモニ

□ **삼촌** おじさん (父の兄弟)
　サムチョン
　派 **이모** おばさん (母の姉妹／親しい年配女性)
　イモ
　고모 おばさん (父の姉妹)
　コモ

□ **남편** 旦那 漢男便
　ナムピョン
　類 **아내** 妻
　アネ

□ **아이들** 子どもたち
　アイドゥル
　類 **아들** 息子　**딸** 娘　**손자** 孫　**조카** 甥／姪
　アドゥル　ッタル　ソンジャ　チョッカ

家族・呼びかけ

身体と特徴

性格

ポジティブな感情

ネガティブな感情

コミュニケーション

気持ちを表す動作

身体の部位は慣用句にもたくさん使われています

身体と特徴

> パル / クム / チ

名詞

> モリ
□ **머리** 頭
> チョヌン モリガ チョアヨ
> **저는 머리가 좋아요.** 私は頭がいいです。

> ヌン
□ **눈** 目
> チョヌン ヌニ ナッパヨ
> **저는 눈이 나빠요.** 私は目が悪いです。

> クィ
□ **귀** 耳
> ハラボジヌン クィガ モロヨ
> **할아버지는 귀가 멀어요.** おじいさんは耳が遠いです。

> イブ
□ **입** 口
> チョヌン イビ ムゴウォヨ
> **저는 입이 무거워요.** 私は口が固いです。

> * 입이 무겁다 (イビ ムゴプタ) の直訳は「口が重い」
> 　韓国では「固い」ではなく、「重い」を使う

42

モム
몸 体

モリ
머리 頭

オルグル
얼굴 顔

コ
코 鼻

ヌン
눈 目

クィ
귀 耳

イプ
입 口

カスム
가슴 胸

ペ
배 おなか

パル
팔 腕

オンドンイ
엉덩이 尻

ソン
손 手

ソンカラク
손가락 指

ムルプ
무릎 ひざ

パル
발 足

パルモク
발목 足首

パルクッ
발끝 つま先

ティックムチ
뒤꿈치 かかと

家族・呼びかけ

身体と特徴

性格

ポジティブな感情

ネガティブな感情

コミュニケーション

気持ちを表す動作

□ **코** 鼻

オッパヌン　コガ　ノッパヨ
오빠는 코가 높아요. お兄さんは鼻が高いです。

* 코높다 (コノプタ) には「天狗だ」、
  「鼻高々、高慢だ、傲慢だ」を表す慣用表現の意味もある

ソン
□ **손** 手

オモニヌン　ソニ　コヨ
어머니는 손이 커요. お母さんは気前がいいです。

* 손이 크다 (ソニ クダ) の直訳は「手が大きい」
  「気前がいいこと」を韓国では「手が大きい」というが、
  逆に「けち臭い」の慣用表現は손이 작다 (ソニ チャクタ 手が小さい)

ソンカラク
派 **손가락** 指

ペ
□ **배** おなか

ペガ　アッパヨ
배가 아파요. おなかが痛いです。

バル
□ **발** 足

アボジヌン　バリ　ノルボヨ
아버지는 발이 넓어요. お父さんは顔が広いです。

* 발이 넓다 (バリ ノルッタ) の直訳は「足が広い」
  日本語と違って、韓国語で広いのは「顔」ではなく「足」

バルモク　　　　　バルクッ
派 **발목** 足首　**발끝** つま先

家族・呼びかけ

身体と特徴

性格

ポジティブな感情

ネガティブな感情

コミュニケーション

気持ちを表す動作

動詞

□ **살이 빠지다** やせる
サリ ッパジダ

다이어트해서 살이 빠졌어요.
ダイオットゥヘソ サリ ッパジョッソヨ
ダイエットしてやせました。

□ **살찌다** 太る
サルッチダ

스트레스때문에 많이 먹어서 살쪘어요.
ストゥレスッテムネ マニ モゴソ サルッチョッソヨ
ストレスのせいでたくさん食べて太りました。

類 **똥똥하다** ぽっちゃりしている
ットンットンハダ

우리 동생은 똥똥해요. うちの妹はぽっちゃりしています。
ウリ トンセンウン ットンットンヘヨ

形容詞

□ **멋지다** かっこいい
モッチダ

오빠는 정말 멋져요. オッパ（お兄さん）は本当に
オッパヌン チョンマル モッチョヨ かっこいいです。

同 **멋있다** かっこいい（直訳：趣がある）
モシッタ

잘 생기다 かっこいい（直訳：よく生まれた）
チャル センギダ

□ **못생기다** ぶさいく（みにくい）
モッセンギダ

이 고양이는 못생겼지만 귀여워요.
イ コヤンイヌン モッセンギョッチマン クィヨウォヨ
この猫はぶさいくですがかわいらしいです。

□ **크다** 大きい
（クダ）

키가 커요. 背が高いです。
（キガ　コヨ）

派 **높다** 高い
（ノプタ）

＊ 建物の大きさや数値など、身長以外で使う

□ **작다** 小さい
（チャクタ）

키가 작아요. 背が低いです。
（キガ　チャガヨ）

＊ 直訳は「背が小さいです」
　韓国語では「低い」ではなく「小さい」という

派 **낮다** 低い
（ナッタ）

＊ 身長以外の「低い」を表現するときに使う

□ **예쁘다** 美しい／きれい
（イエップダ）

저 모델은 정말 예뻐요. あのモデルは本当にきれいです。
（チョ　モデルン　チョンマル　イエッポヨ）

□ **귀엽다** かわいい
（クィヨプダ）

친구 아기가 귀여워요.
（チング　アギガ　クィヨウォヨ）
友だちの赤ちゃんがかわいいです。

아담해서 귀여워요. 小柄でかわいいです。
（アダメソ　クィヨウォヨ）

46

これも
覚えよう

● 名詞

□ **가슴** カスム 胸

□ **팔** パル 腕

派 **팔꿈치** パルクムチ ひじ

□ **엉덩이** オンドンイ 尻

□ **허벅지** ホボクチ もも

□ **무릎** ムルプ ひざ

□ **뒤꿈치** ティックムチ かかと

□ **얼굴** オルグル 顔

□ **꽃미남** コンミナム
イケメン 漢 미남美男

□ **미인** ミイン 美人 漢 美人

□ **매력적** メリョクチョク
魅力的 漢 魅力的

● 形容詞

□ **훌륭하다** フルリュンハダ
偉い／立派だ

□ **여성스럽다** ヨソンスロプタ
女らしい 漢 여성女性

□ **남자답다** ナムジャダプタ
男らしい 漢 남자男子

● 存在詞

□ **기품이 있다** キプミ イッタ
上品だ 漢 기품気品

□ **인기가 있다** インキガ イッタ
もてる 漢 인기人気

家族・呼びかけ

身体と特徴

性格

ポジティブな感情

ネガティブな感情

コミュニケーション

気持ちを表す動作

人の性格に関する単語は形容詞が多いのが特徴です

性格

名詞

□ **적극적** 積極的 ㉠積極的
チョクッチョク

고등학생은 적극적이에요. 高校生は積極的です。
コドゥンハクセンウン　チョクッチョギエヨ

㉫ **소극적** 消極的 ㉠消極的
ソグッチョク

나는 소극적인 성격이에요. わたしは消極的な性格です。
ナヌン　ソグッチョギン　ソンキョギエヨ

□ **낙천적** 楽天的 ㉠楽天的
ナクチョンチョク

누나는 낙천적이에요. 姉は楽天的です。
ヌナヌン　ナクチョンチョギエヨ

□ **이기적** 利己的／自己中心的 ㉠利己的
イギチョク

이기적인 사람은 친구가 없어요. 自己中心的な人は
イギチョギン　サラムン　チングガ　オプソヨ 友だちがいません。

□ **개구쟁이** いたずらっ子／腕白小僧
ケグジェンイ

내 동생은 개구쟁이예요. 私の弟はいたずらっ子です。
ネ　ドンセンウン　ケグジェンイエヨ

□ **거짓말쟁이** 嘘つき
コジンマルジェンイ

거짓말쟁이는 믿을 수 없어요. 嘘つきは
コジンマルジェンイヌン　ミドゥル　ッス　オプソヨ 信じられません。

ヨクシムジェンイ
□ **욕심쟁이** 欲張り 漢욕심欲心

オッパヌン　ヨクシムジェンイエヨ
오빠는 욕심쟁이예요. 兄は欲張りです。

形容詞

ソンシラダ
□ **성실하다** 誠実だ 漢성실誠実

ソンシラン　　サラムン　　　ソンゴンヘヨ
성실한 사람은 성공해요. 誠実な人は成功します。

チャッカダ
□ **착하다** 善良だ／優しい

チャッカゴ　　イェッポソ　　インキガ　　マナヨ
착하고 예뻐서 인기가 많아요.
優しくてきれいなので人気があります。

チョヌン　チャッカン　ナムジャガ　　チョアヨ
저는 착한 남자가 좋아요. 私は優しい男の人が
好きです。

これも
覚えよう

● 名詞

クドゥセ
□ **구두쇠** けち

＊ 直訳は「靴修理屋」
　何度も修理して靴を履くことが由来している

ハングゲソヌン　　　　クドゥセヌン　　インキガ　　オプソヨ
한국에서는 구두쇠는 인기가 없어요.
韓国ではケチはモテません。

□ **청개구리** <ruby>チョンケグリ</ruby> あまのじゃく

＊ 直訳は「青蛙」。韓国に昔から伝わる、母蛙のいうことを
聞かない青蛙の話から、あまのじゃくのことをこう表現する

● 副詞

□ **제멋대로** <ruby>チェモッテロ</ruby> わがまま

● 形容詞

□ **밝다** <ruby>パクタ</ruby> 明るい

□ **야무지다** <ruby>ヤムジダ</ruby>
しっかりしている

□ **싹싹하다** <ruby>ッサクッサッカダ</ruby>
気さくだ

□ **수다스럽다** <ruby>スダスロプタ</ruby>
おしゃべりだ

＊ 名詞は수다쟁이
（スダジェンイ おしゃべり）

□ **누긋하다** <ruby>ヌグッタダ</ruby>
のんきだ

□ **까다롭다** <ruby>ッカダロプタ</ruby>
気難しい

□ **뻔뻔하다** <ruby>ッポンッポナダ</ruby>
ずうずうしい

□ **우유부단하다** <ruby>ウユブダナダ</ruby>
優柔不断だ
🈩우유부단優柔不断

UNIT
4

Track **09**

ポジティブな感情を表す単語を勉強します

ポジティブな感情

名詞

□ **안심** 安心 漢安心
アンシム

일이 끝나서 안심했어요.
イリ ックンナソ アンシメッソヨ
仕事が終わって安心しました。

□ **기분** 気分 漢気分
キブン

기분이 좋아요. 気分がいいです。
キブニ チョアヨ

動詞

□ **놀라다** 驚く
ノルラダ

깜짝 놀랐어요. びっくりしました。
ックカムッチャン ノルラッソヨ

□ **기대되다** 楽しみだ 漢期待
キデテダ

사인회가 기대돼요. サイン会が楽しみです。
サインフェガ キデテヨ

□ **재미있다** おもしろい
_{チェミイッタ}

그 영화는 재미있어요. その映画はおもしろいです。
_{ク　ヨンファヌン　チェミイッソヨ}

오빠는 재미있는 사람이에요. 兄はおもしろい人です。
_{オッパヌン　チェミインヌン　サラミエヨ}

反 **재미없다** おもしろくない
_{チェミオプタ}

뉴스는 재미없어요. ニュースはつまらないです。
_{ニュスヌン　チェミオプソヨ}

形容詞

□ **기쁘다** うれしい
_{キップダ}

좋아하는 사람을 만나서 기뻐요.
_{チョアハヌン　サラムル　マンナソ　キッポヨ}
好きな人に会えてうれしいです。

派 **기뻐하다** 喜ぶ (動詞)
_{キッポハダ}

어머니가 아주 기뻐했어요. 母がとても喜びました。
_{オモニガ　アジュ　キッポヘッソヨ}

□ **행복하다** 幸福だ／幸せだ 漢 행복幸福
_{ヘンボッカダ}

우리 가족은 모두 행복해요.
_{ウリ　カジョグン　モドゥ　ヘンボッケヨ}
わたしの家族は皆幸せです。

결혼해서 행복해요? 結婚して幸せですか?
_{キョロネソ　ヘンボッケヨ}

チュルゴプタ
□ **즐겁다** 楽しい

チュルゴウン　ハルヨッソヨ
즐거운 하루였어요. 楽しい1日でした。

チェジュドヨヘンウン　　　チョンマルロ　チュルゴウォッソヨ
제주도여행은 정말로 즐거웠어요.
済州(チェジュ)島旅行は本当に楽しかったです。

これも
覚えよう

● **形容詞**

シンナダ
□ **신나다**
うきうきする

マンジョクスロプタ
□ **만족스럽다**
満足だ 漢 만족満足

カムギョクスロプタ
□ **감격스럽다**
感激だ 漢 감격感激

チャランスロプタ
□ **자랑스럽다**
自慢だ／誇りに思う

クリプタ
□ **그립다** 懐かしい

ックムマン　カッタ
□ **꿈만 같다**
夢みたいだ

ジェスガ　　チョッタ
□ **재수가 좋다**
ついてる 漢 재수財数

ウニ　　チョッタ
□ **운이 좋다**
運がいい 漢 운運

ネガティブな感情

名詞

□ **짜증** ^{ッジャジュン} いらだち／かんしゃく

^{ノム} 너무 ^{ッジャッジュンナヨ} 짜증나요. すごくイライラします。

□ **신경질** ^{シンギョンジル} 神経質／気が立つ 漢 神経質

^{ヨジュム} 요즘 ^{チャック} 자꾸 ^{シンギョンジルナヨ} 신경질나요. 最近よくイライラします。

□ **실망** ^{シルマン} 失望／がっかり 漢 失望

^{ペンミティンイ} 팬미팅이 ^{チュィソテソ} 취소돼서 ^{シルマンヘッソヨ} 실망했어요.
ファンミーティングがキャンセルになってがっかりしました。

^{キデガ} 기대가 ^{クミョン} 크면 ^{シルマンド} 실망도 ^{クムニダ} 큽니다.
期待が大きければ失望も大きいです。

動詞

□ **화나다** ^{ファナダ} 怒る／腹が立つ／しゃくにさわる

^{チングエゲ} 친구에게 ^{ファナヨ} 화나요. 友だちに腹が立ちます。

形容詞

□ **싫다** 嫌だ／嫌いだ
〈シルタ〉

벌레가 싫어요. 虫が嫌いです。
〈ポルレガ〉〈シロヨ〉

□ **외롭다** さびしい
〈ウェロプタ〉

혼자 있으면 외로워요.
〈ホンジャ〉〈イッスミョン〉〈ウェロウォヨ〉
ひとりでいるとさびしいです。

친구를 못 봐서 외로워요.
〈チングルル〉〈モッ〉〈ボァソ〉〈ウェロウォヨ〉
友だちに会えなくてさびしいです。

□ **슬프다** 悲しい
〈スルプダ〉

슬프면 눈물이 나요. 悲しいと涙が出ます。
〈スルプミョン〉〈ヌンムリ〉〈ナヨ〉

이 영화는 결말이 슬퍼요.
〈イ〉〈ヨンファヌン〉〈キョルマリ〉〈スルポヨ〉
この映画は悲しい結末です。

□ **억울하다** 悔しい 漢억울抑鬱
〈オグラダ〉

억울해서 잠이 안 와요. 悔しくて眠れません。
〈オグレソ〉〈チャミ〉〈ア〉〈ナヨ〉

家族・呼びかけ

身体と特徴

性格

ポジティブな感情

ネガティブな感情

コミュニケーション

気持ちを表す動作

● 形容詞

□ **불안하다** 不安だ (漢)**불안**不安
プラナダ

불안해서 죽겠어요. 不安で仕方ありません。
プラネソ　　チュッケッソヨ

＊ 죽겠어요の直訳は「死にそう」

□ **우울하다** 憂鬱だ (漢)**우울**憂鬱
ウウラダ

일요일 저녁은 우울해져요.
イリョイル　チョニョグン　ウウレジョヨ

日曜日の夕方はブルーになります。

□ **밉다** 憎い
ミプタ

나는 그 사람이 미워요. わたしはあの人が憎いです。
ナヌン　ク　サラミ　ミウォヨ

□ **귀찮다** 面倒だ
クィチャンタ

귀찮지만 해야 해요. 面倒ですが
クィチャンチマン　ヘヤ　ヘヨ　やらなくてはなりません。

□ **괴롭다** 苦しい
クェロプタ

□ **무섭다** 怖い
ムソプタ

□ **지루하다** 退屈だ
チルハダ

□ **고통스럽다**
コットンスロプタ

苦痛だ (漢)**고통**苦痛

□ **불쌍하다**
プルッサンハダ

かわいそうだ／哀れだ

コミュニケーションで必要な単語を勉強します

コミュニケーション

家族・呼びかけ

身体と特徴

性格

ポジティブな感情

ネガティブな感情

コミュニケーション

気持ちを表す動作

名詞

□ **이야기** 話
_{イヤギ}

친구와 이야기해요. 友だちと話 (を) します。
_{チングワ　イヤギヘヨ}

派 **이야기를 듣다** 話を聞く
_{イヤギルル　トゥッタ}

내일 춥다는 이야기를 들었어요.
_{ネイル　チュプタヌン　イヤギルル　トゥロッソヨ}
明日寒いという話を聞きました。

動詞

□ **말하다** しゃべる/言う/話す
_{マラダ}

친구에게 말했어요.
_{チングエゲ　マレッソヨ}
友だちに言いました。

저에게 말해 봐요. 私に話してみてね。
_{チョエゲ　マレ　ボァヨ}

類 **말씀하시다** おっしゃる/お話になる
_{マルッスムハシダ}

선생님께서 말씀하십니다.
_{ソンセンニムッケソ　マルッスムハシムニダ}
先生がお話になります。

□ **의논하다** _{ウィノナダ} 話し合う 漢 의논議論

여행 계획을 의논해요. _{ヨヘン ケフェグル ウィノネヨ} 旅行の計画を話し合います。

同 **상담하다** _{サンダマダ} 相談する 漢 상담相談

고민을 상담해요. _{コミヌル サンダメヨ} 悩みを相談します。

□ **물어보다** _{ムロボダ} たずねる（直訳：たずねてみる）

모르는 문제는 물어봐요. _{モルヌン ムンジェヌン ムロボァヨ}
わからない問題はたずねてください。

反 **대답하다** _{テダッパダ} 答える 漢 대답対答

어머니가 부르면 대답해요. _{オモニガ プルミョン テダッペヨ}
母が呼べば答えます。

□ **설명하다** _{ソルミョンハダ} 説明する 漢 설명説明

TV의 기능을 설명해요. _{テレビエ キヌンウル ソルミョンヘヨ}
テレビの機能を説明します。

□ **받아들이다** _{パダトゥリダ} 受け入れる

다른 사람의 의견을 받아들여요. _{タルン サラメ ウィギョヌル パダトリョヨ}
ほかの人の意見を受け入れます。

形容詞

□ **돕다** トプタ　手伝う/助ける

할머니를 도와드렸어요. ハルモニルル トワトゥリョソヨ
おばあさんを助けてさしあげました。

これも覚えよう

● 動詞

□ **인정하다** インジョンハダ
認める 漢 인정認定

類 **허가하다** ホガハダ
許す 漢 허가許可

□ **허락하다** ホラッカダ
承諾する/許す
漢 허락許諾

□ **찬성하다** チャンソンハダ
賛成する 漢 찬성賛成

反 **반대하다** パンデハダ
反対する 漢 반대反対

□ **거절하다** コジョラダ
断る 漢 거절拒絶

□ **설득하다** ソルトゥッカダ
説得する 漢 설득説得

□ **표현하다** ピョヒョナダ
表現する 漢 표현表現

□ **결심하다** キョルシマダ
決心する 漢 결심決心

□ **주의하다** チュイハダ
注意する 漢 주의注意

□ **초대하다** チョデハダ
招待する 漢 초대招待

家族・呼びかけ

身体と特徴

性格

ポジティブな感情

ネガティブな感情

コミュニケーション

気持ちを表す動作

UNIT 7

Track 12

自分の気持ちを相手に伝える単語を勉強します

気持ちを表す動作

動詞

□ **생각하다** 考える／思う
センガッカダ

저는 한국어가 어렵다고 생각해요.
チョヌン ハングゴガ オリョプタゴ センガッケヨ

私は韓国語が難しいと思います。

□ **믿다** 信じる
ミッタ

친구를 믿어요. 友だちを信じます。
チングルル ミドヨ

□ **의심하다** 疑う 漢의심疑心
ウィシマダ

그녀의 이야기를 의심해요. 彼女の話を疑っています。
クニョエ イヤギルル ウィシメヨ

□ **웃다** 笑う
ウッタ

그 여배우는 빙그레 웃어요.
ク ヨベウヌン ビングレ ウソヨ

その女優はにこりと笑っています。

派 **미소 짓다** 微笑む 漢미소微笑
ミソ チッタ

反 **울다** 泣く
ウルダ

家族・呼びかけ

身体と特徴

性格

ポジティブな感情

ネガティブな感情

コミュニケーション

気持ちを表す動作

□ **바라다** 願う／望む
パラダ

내일 날씨가 좋기를 바랍니다.
ネイル ナルッシガ チョッキルル パラムニダ
明日の天気が良いことを願います。

回 **원하다** 願う／求める／欲する 漢 원願
ウォナダ

원하는 옷이 백화점에 없어요.
ウォナヌン オシ ペッカジョメ オプソヨ
欲しい服がデパートにありません。

□ **이해하다** 理解する 漢 이해理解
イヘハダ

너의 사정을 이해해요. 君の事情を理解します。
ノエ サジョンウル イヘヘヨ

□ **잊다** 忘れる
イッタ

이름을 잊어버렸어요. 名前を忘れてしまいました。
イルムル イジョボリョッソヨ

反 **외우다** 覚える **기억하다** 記憶する 漢 기억記憶
ウェウダ キオッカダ

□ **후회하다** 後悔する 漢 후회後悔
フフェハダ

회사를 그만두어서 후회했어요.
フェサルル クマントゥオソ フフェヘッソヨ
会社を辞めて後悔しました。

□ **무리하다** 無理する 漢 무리無理
ムリハダ

무리하지 마세요. 無理しないでください。
ムリハジ マセヨ

これも
覚えよう

● **動詞**

□ **고생하다** コセンハダ　苦労する　漢 고생苦生

어머니는 많이 고생하셨어요.
オモニヌン　マニ　コセンハショッソヨ

母はずいぶんと苦労されました (苦労しました)。

□ **참다** チャムタ　我慢する／耐える

아파서 참을 수 없어요. 痛くて我慢できません。
アッパソ　チャムル　ス　オプソヨ

□ **황홀하다** ファンホラダ　うっとりする

오빠 사진을 보고 황홀해요.
オッパ　サジヌル　ボゴ　ファンホレヨ

お兄さんの写真を見てうっとりします。

□ **뭉클하다** ムンクラダ　じんとくる

메일을 보고 가슴이 뭉클했어요.
メイルル　ボゴ　カスミ　ムンクレッソヨ

メールを見て胸がじんとしました。

□ **흥분하다** フンブナダ　興奮する　漢 흥분興奮

흥분해서 목소리가 떨렸어요.
フンブネソ　モクソリガ　ットゥルリョッソヨ

興奮して声が震えました。

第 **3** 章

自然

Track 13 ~ 17

ショッピングをしたり、時間をたずねるときなどに、
数字を覚えておくのは必須です。
日本の数字の数え方と同様に、
韓国には漢数字と固有数字があります。

UNIT 1

Track 13

日にちやお金のときに使う漢数字を勉強します

漢数字

● 漢数字は日本語の「いち、に、さん…」

일	이	삼	사	오	육	칠	팔	구	십
イル	イ	サム	サ	オ	ユク	チル	パル	ク	シプ
1	2	3	4	5	6	7	8	9	10

백	천	만	억
ベク	チョン	マン	オク
100	千	万	億

＊ 実際に数字を表記するときには、
　 ハングルではなく
　 アラビア数字（1、2…）を使う

名詞

□ **몇월 며칠**　何月何日　漢 월月 일日
　ミョドル　ミョッチル

오늘이 몇월 며칠이에요?
オヌリ　ミョドル　ミョッチリエヨ
今日は（が）何月何日ですか？

오빠는 올해 삼월에 입대해요.
オッパヌン　オレ　サムォレ　イプテヘヨ
お兄さんは今年の3月に入隊します。

＊ 韓国男性は兵役の義務があり、
　 19〜28歳までに入隊しなければならない

□ **유월 육일**　6月6日
　ユウォル　ユギル

＊ 6月のときだけ육が유に変化する

오늘은 유월 육일이에요.　今日は6月6日です。
オヌルン　ユウォル　ユギリエヨ

漢数字

固有数字

天気・季節

生き物

植物

シウォル　シビル
□ **시월 십일** 10月10日

＊ 10月のときだけ십が시に変化する

シウォル　シビレ　　コンソトゥガ　ヨルリョヨ
시월 십일에 콘서트가 열려요.
10月10日にコンサートが開かれます。

─────────────────────

イチョノン
□ **이천원** 2千ウォン 漢천千

イ　ヨンピルン　イチョノニエヨ
이 연필은 이천원이에요.
この鉛筆は2千ウォンです。

チョノンマン　ッカッカ　ジュセヨ
천원만 깎아 주세요. 千ウォンだけまけてください。

─────────────────────

マノン
□ **만원** 1万ウォン 漢만万

＊ 1万は1일を使わない

イ　カバンウン　マノニエヨ
이 가방은 만원이에요. このカバンは1万ウォンです。

─────────────────────

センイル
□ **생일** 誕生日 漢生日

センイリ　オンジェエヨ
생일이 언제예요? 誕生日は（が）いつですか？

アボジ　センシヌン　チロル　イシプクイリエヨ
아버지 생신은 칠월 이십구일이에요.
お父さんの誕生日は7月29日です。

＊ 생신は생일の尊敬語

□ **추석** ^{チュソク} お盆 漢秋夕

추석은 한국의 명절이에요. ^{チュソグン ハングゲ ミョンジョリエヨ}
お盆は韓国の祝日です。

추석에는 고향에 가요? ^{チュソゲヌン コヒャンエ カヨ}
お盆には故郷に行きますか?

□ **설날** ^{ソルラル} お正月/元旦/元日

설날에는 가족이 모두 모여요. ^{ソルラレヌン カジョギ モドゥ モヨヨ}
お正月には家族が皆集まります。

● **名詞**

□ **오늘** ^{オヌル} 今日

□ **어제** ^{オジェ} 昨日

派 **그제** ^{クジェ} おととい

□ **내일** ^{ネイル} 明日 漢来日

派 **모레** ^{モレ} あさって

□ **개월** ^{ケウォル} カ月 漢カ月

＊「〇カ月」のときは
漢数字を使う

□ **세** ^セ 歳 漢歳

＊「〇歳」のときは
漢数字を使う

類 **살** ^{サル} 才

＊「〇才」のときはP67の
固有数字を使う

派 **세월** ^{セウォル} 歳月 漢歳月

□ **공휴일** ^{コンヒュイル}
公休日 漢公休日

□ **평일** ^{ピョンイル} 平日 漢平日

これも
覚えよう

UNIT **2**

Track 14

時間や曜日で使う固有数字と助数詞を勉強します

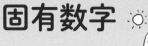

固有数字

● 固有数字は日本語の「ひとつ、ふたつ、みっつ…」

ハナ 하나	トゥル 둘	セッ 셋	ネッ 넷	タソッ 다섯	ヨソッ 여섯
ひとつ	ふたつ	みっつ	よっつ	いつつ	むっつ

イルゴプ 일곱	ヨドル 여덟	アホプ 아홉	ヨル 열	スムル 스물
ななつ	やっつ	ここのつ	とお	にじゅう

* 時間を表すときには、何時には固有数字、何分には漢数字を使う。
　助数詞がつくと、下記の単語は形が変わるので注意!

ひとつ **하나** → **한** (ハン)　ふたつ **둘** → **두** (トゥ)　みっつ **셋** → **세** (セ)

よっつ **넷** → **네** (ネ)　にじゅう **스물** → **스무** (スム)

名詞

□ **한 시** (ハン シ) 1時 漢 時時

　* 하나 (ハナ ひとつ) は한に変化するので注意!

한 시부터 수업이 시작해요. (ハン シプト スオビ シジャッケヨ)
1時から授業が始まります。

다섯 시에는 일이 끝나요. (タソッ シエヌン イリ ックンナヨ) 5時には仕事が終わります。

漢数字

固有数字

天気・季節

生き物

植物

□ **두 시 삼십 분** 2時30分 漢 분分
<ruby>두<rt>トゥ</rt></ruby> <ruby>시<rt>シ</rt></ruby> <ruby>삼십<rt>サムシッ</rt></ruby> <ruby>분<rt>プン</rt></ruby>

＊ 둘 (トゥル ふたつ) は두に変化するので注意！

두 시 삼십 분에 방송이 시작해요.
トゥ シ サムシッ プネ パンソンイ シジャッケヨ

2時30分に放送が始まります。

派 **반** 半 漢 半
パン

나는 아침 여덟 시 반에 일어나요.
ナヌン アッチム ヨドル シ バネ イロナヨ

わたしは朝8時半に起きます。

□ **한 시간** 1時間 漢 시간時間
ハン シガン

서울역에서 한 시간후에 만나자.
ソウルヨゲソ ハン シガンフエ マンナジャ

ソウル駅で1時間後に会おう。

집에서 학교까지 한 시간 걸려요.
チベソ ハッキョッカジ ハン シガン コルリョヨ

家から学校まで1時間かかります。

□ **아침** 朝
アッチム

＊ 朝ごはんという意味もある

아침마다 운동을 해요. 毎朝運動をします。
アッチムマダ ウンドンウル ヘヨ

늦잠 자서 아침 못 먹었어요.
ヌッチャム チャソ アッチム モン モゴッソヨ

寝坊して朝ごはんを食べられませんでした。

漢数字

固有数字

天気・季節

生き物

植物

チョムシム
□ **점심** 昼 漢点心

＊ 昼ごはんという意味もある

チョムシムシガヌン　ヨルトゥ　シブトイムニダ
점심시간은 열두 시부터입니다.
ランチタイムは12時からです。

バッパソ　　チョムシム　モグル　ス　オプソヨ
바빠서 점심 먹을 수 없어요.
忙しくてお昼を食べられません。

ナッ
類 **낮** 昼間

ナジェ　チョンソルル　ヘヨ
낮에 청소를 해요. 昼間に掃除をします。

チョニョク
□ **저녁** 夕方

＊ 夕ごはんという意味もある

チョニョゲ　　チングルル　　マンナヨ
저녁에 친구를 만나요. 夕方に友だちに会います。

チョニョゲ　ムォ　モグルレヨ
저녁에 뭐 먹을래요? 晩ごはんになに食べようか？

パム
□ **밤** 夜

イ　カゲヌン　　バメド　　ヨンオッペヨ
이 가게는 밤에도 영업해요. この店は夜も
営業しています。

オジョン
□ **오전** 午前 漢午前

オジョネ　ハン　ボン　シクサフエ　ヤグル　モッスムニダ
오전에 한 번 식사후에 약을 먹습니다.
午前に1回、食事後に薬を飲みます。

オフ
反 **오후** 午後 漢午後

これも
覚えよう

● 名詞

イルチュイル
□ 일주일
1週間　㉑ 1週日

ウォリョイル
□ 월요일
月曜日　㉑ 月曜日

ファヨイル
□ 화요일
火曜日　㉑ 火曜日

スヨイル
□ 수요일
水曜日　㉑ 水曜日

モギョイル
□ 목요일
木曜日　㉑ 木曜日

クミョイル
□ 금요일
金曜日　㉑ 金曜日

トヨイル
□ 토요일
土曜日　㉑ 土曜日

イリョイル
□ 일요일
日曜日　㉑ 日曜日

イボン　チュ
□ 이번 주
今週　㉑ 주週

チナンジュ
□ 지난주
先週　㉑ 주週

＊ 今週や来週と違って、
先週は난と주の間を
分けない

タウム　チュ
□ 다음 주
来週　㉑ 주週

UNIT 3

天気・季節

Track 15

天気や四季に関する単語を勉強します

漢数字

固有数字

天気・季節

生き物

植物

名詞

□ **비** 雨
ピ

오늘은 비가 내려요. 今日は雨が降ります。
オヌルン ピガ ネリョヨ

비가 왔어요. 雨が降ってきました。
ピガ ワッソヨ

＊ 基本形오다 (オダ 来る／降る) は口語でよく使われる

비가 그쳤어요. 雨がやみました。
ピガ クッチョッソヨ

□ **바람** 風
バラム

제주도는 바람이 많이 불어요.
チェジュドヌン パラミ マニ プロヨ
済州 (チェジュ) 島は風がたくさん吹きます。

□ **눈** 雪
ヌン

눈이 오면 눈사람을 만들어요.
ヌニ オミョン ヌンサラムル マンドゥロヨ
雪が降ったら雪だるまを作ります。

□ **날씨** 天気
ナルッシ

날씨가 좋아요. 天気がいいです。
ナルッシガ チョアヨ

□ **일기예보** 天気予報 ㊂日気予報
イルキイェボ

アッチムマダ　　ティーブイロ　　イルキイェボルル　　ボァヨ
아침마다 TV로　일기예보를 봐요.
毎朝テレビで天気予報を見ます。

形容詞

□ **맑다** 晴れる
マクタ

ナルッシガ　　マルグミョン　　ピクニゲ　　カヨ
날씨가 맑으면 피크닉에 가요.
(天気が) 晴れたらピクニックに行きます。

□ **흐리다** 曇る
フリダ

オヌレ　　ナルッシヌン　　マルグン　ティ　フリミエヨ
오늘의 날씨는 맑은 뒤 흐림이에요.
今日の天気は晴れのち曇りです。

＊ 흐리다を名詞化すると흐림 (フリム 曇り) に

□ **따뜻하다** 暖かい
ッタットゥッタダ

ボムン　　タットゥッテソ　　キブニ　　チョアヨ
봄은 따뜻해서 기분이 좋아요.
春は暖かくて気持ちがいいです。

反 **쌀쌀하다** 肌寒い
ッサルッサラダ

ソウレ　　アッチムン　　チョム　ッサルッサレヨ
서울의 아침은 좀 쌀쌀해요. ソウルの朝は少し肌寒いです。

72

漢数字

固有数字

天気・季節

生き物

植物

● 名詞

キオン
□ **기온** 気温 漢 気温

派 **온도** 温度 漢 温度
（オンド）

スブキ
□ **습기** 湿気 漢 湿気

ホウ
□ **호우** 豪雨 漢 豪雨

サケジョル
□ **사계절**
四季 漢 四季節

ポム
□ **봄** 春

ヨルム
□ **여름** 夏

カウル
□ **가을** 秋

キョウル
□ **겨울** 冬

● 動詞

クッチダ
□ **그치다** （雨が）やむ

● 形容詞

シウォナダ
□ **시원하다**
涼しい

トプタ
□ **덥다** 暑い

チュプタ
反 **춥다** 寒い

UNIT 4

Track 16

日常で目にする動物や鳥に関する単語を勉強します

生き物

名詞

□ **개** 犬
＜ケ＞

＜ナヌン＞ ＜ケルル＞ ＜キウゴ＞ ＜イッソヨ＞
나는 개를 키우고 있어요. わたしは犬を育てています。

類 **강아지** 子犬
＜カンアジ＞

＜カンアジヌン＞ ＜クィヨウォヨ＞
강아지는 귀여워요. 子犬は愛らしいです。

□ **고양이** 猫
＜コヤンイ＞

＜コヤンイエゲ＞ ＜モギルル＞ ＜ジュオッソヨ＞
고양이에게 먹이를 주었어요. 猫にえさをあげました。

□ **물고기** 魚
＜ムルコギ＞

＜スジョックヮネヌン＞ ＜タヤンハン＞ ＜ムルコギガ＞ ＜イッソヨ＞
수족관에는 다양한 물고기가 있어요.
水族館にはさまざまな魚がいます。

類 **생선** 鮮魚 漢 生鮮
＜センソン＞

＊ 魚屋にある食用の魚の呼称

＜オヌル＞ ＜チョニョクシクサヌン＞ ＜センソニエヨ＞
오늘 저녁식사는 생선이에요. 今日の晩ごはんは魚です。

＜チョヌン＞ ＜センソンクイルル＞ ＜モッコ＞ ＜シッポヨ＞
저는 생선구이를 먹고 싶어요. 私は焼き魚を食べたいです。

＊ 구이（～焼き）

漢数字

固有数字

天気・季節

生き物

植物

□ **소** 牛
ソ

이 가게는 소갈비 전문점이에요.
イ カゲヌン ソカルビ ジョンムンジョミエヨ

この店は牛カルビ専門店です。

派 **쇠고기** 牛肉
セェコギ

이 요리의 재료는 쇠고기 500g이에요.
イ ヨリエ ジェリョヌン セェコギ オベクグレミエヨ

この料理の材料は牛肉500gです。

□ **돼지** 豚
テェジ

돼지는 뚱뚱해요. 豚は太っています。
テェジヌン ットゥンットゥンヘヨ

저는 돼지띠예요. 私はいのしし年（生まれ）です。
チョヌン テジッティエヨ

＊ 韓国の干支ではいのししではなく돼지 (豚)

□ **닭** 鶏
タ ク

병아리가 크면 닭이 됩니다.
ビョンアリガ クミョン タルギ トゥエムニダ

ヒヨコが育てば鶏になります。

派 **닭고기** 鶏肉
タッコギ

삼계탕은 닭고기로 만들어요. 参鶏湯は鶏肉で作ります。
サムゲタウン タッコギロ マンドゥロヨ

몸짱들을 닭고기를 즐겨 먹어요.
モムッチャンドゥルン タッコギルル チュルギョ モゴヨ

マッチョたちは鶏肉を好んで食べます。

＊ 몸짱 (スタイル抜群) は女性にも使える

□ **새** 鳥
セ

저는 잉꼬 등 새를 좋아해요.
チョヌン インッコ ドゥン セルル チョアヘヨ

私はインコなどの鳥が好きです。

センムル
생물 生き物

セ
새 鳥

ナルゲ
날개 翼

ソ
소 牛

テェジ
돼지 豚

タク
닭 鶏

ピドゥルギ
비둘기 ハト

ッコリ
꼬리 しっぽ

コヤンイ
고양이 猫

ケ
개 犬

ナビ
나비 チョウ

ポル
벌 ハチ

ケミ
개미 アリ

ムルコギ
물고기 魚

76

□ **비둘기** ハト
ピドゥルギ

공원에 비둘기가 많이 있어요.
コンウォネ ピドゥルギガ マニ イッソヨ
公園にハトがたくさんいます。

● 名詞

□ **애완동물**
エワンドンムル
ペット 漢愛玩動物

□ **꼬리** しっぽ
ッコリ

□ **날개** 翼
ナルゲ

□ **까마귀** カラス
ッカマグィ

□ **문어** タコ 漢文魚
ムノ
＊ 特にミズダコ

□ **낙지** タコ
ナクッチ
＊ 特にマダコ、テナガダコ

□ **벌레** 虫
ボルレ

□ **나비** チョウ
ナビ

□ **개미** アリ
ケミ

□ **벌** ハチ
ボル

□ **파리** ハエ
パリ

□ **벼룩** ノミ
ピョルク

□ **제비** ツバメ
チェビ
＊ 年上の女性に
かわいがられる男
という意味も

漢数字

固有数字

天気・季節

生き物

植物

日常で目にする花や木に関する単語を勉強します

植物

名詞

□ **꽃** 花
ッコッ

꽃꽂이를 하려고 꽃을 샀어요.
ッコッコジルル　ハリョゴ　ッコッチュル　サッソヨ

生け花をしようと花を買いました。

派 **벚꽃** 桜　**꽃다발** 花束
ポッコッ　　　ッコッタバル

□ **무궁화** むくげ
ムグンファ

무궁화는 한국의 국화예요.
ムグンファヌン　ハングゲ　クッカエヨ

むくげは韓国の国花です。

□ **나무** 木
ナム

대학교에는 은행나무가 많이 있어요.
テハッキョエヌン　ウネンナムガ　マニ　イッソヨ

大学にはいちょうの木がたくさんあります。

□ **장미** バラ
チャンミ

어머니 생신에 장미를 드렸어요.
オモニ　センシネ　チャンミルル　トゥリョッソヨ

母の誕生日にバラを差し上げました (あげました)。

□ **해바라기** ひまわり
ヘバラギ

해바라기 씨는 먹을 수 있어요.
ヘバラギ　ッシヌン　モグル　ス　イッソヨ

ひまわりの種は食べられます。

나무와 꽃 木と花
ナムワ　ッコッ

가지 枝
カジ

잎 葉
イプ

열매 実
ヨルメ

나무 木
ナム

풀 草
プル

해바라기
ヘバラギ
ひまわり

무궁화
ムグンファ
むくげ

진달래
チンダルレ
つつじ

장미
チャンミ
バラ

□ **풀** 草

정원의 풀을 베었어요. 庭の草を刈りました。
ジョンウォネ プルル ベオッソヨ

□ **열매** 実
ヨルメ

감나무가 열매를 달고 있어요.
カムナムガ ヨルメルル タルゴ イッソヨ

柿の木が
実を結んでいます。

同 **과실** 果実 漢 果実
クァシル

□ **진달래** つつじ
チンダルレ

5월에는 진달래가 예뻐요.
オウォレヌン チンダルレガ イェッポヨ

5月にはつつじが
きれいです。

これも
覚えよう

● 名詞

□ **뿌리** 根
ップリ

＊ 家系、ルーツという
意味もある

□ **잎** 葉
イプ

□ **쌀** 米
ッサル

□ **국화** 菊 漢 菊花
クックヮ

□ **대나무** 竹
テナム

□ **가지** 枝
カジ

□ **싹** 芽
ッサク

□ **백합** 百合 漢 百合
ペッカプ

□ **민들레** たんぽぽ
ミンドゥルレ

80

第 **4** 章

日常生活

Track 18 ～ 24

朝起きてから夜寝るまで、
1日の行動に関係のある単語を勉強します。
住まいに関する単語には
日本と韓国の文化の違いが垣間見えます。

UNIT 1

Track 18

住まいに関する単語を勉強します

家

名詞

□ **집** 家
^{チプ}

우리 집에 놀러와! わたしのうちに遊びにおいで！
^{ウリ} ^{チベ} ^{ノルロワ}

선생님 댁이 어디세요? 先生のお宅はどちらですか？
^{ソンセンニム} ^{テギ} ^{オディセヨ}

＊댁(宅)は집の尊敬語

□ **열쇠** 鍵
^{ヨルセ}

열쇠를 잃어버렸어요. 鍵をなくしてしまいました。
^{ヨルセルル} ^{イロボリョッソヨ}

□ **문** ドア／門 漢門
^{ムン}

문을 열고 집에 들어가요. ドアを開けて家に入ります。
^{ムヌル} ^{ヨルゴ} ^{チベ} ^{トゥロカヨ}

派 **현관** 玄関 漢玄関
^{ヒョングヮン}

현관 앞에서 강아지가 기다려요.
^{ヒョングヮン} ^{アッペソ} ^{カンアジガ} ^{キダリョヨ}
玄関前で子犬が待っています。

□ **창문** 窓 漢窓門
^{チャンムン}

창문을 열면 공원이 보여요. 窓を開けると
^{チャンムヌル} ^{ヨルミョン} ^{コンウォニ} ^{ボヨヨ} 公園が見えます。

□ **계단** 階段 漢 階段
_{ケダン}

계단을 올라갑니다. 階段を上っていきます。
_{ケダヌル オルラカムニダ}

계단 올라가기가 힘들어요.
_{ケダン オルラカギガ ヒムドゥロヨ}
階段を上るのがしんどいです。

□ **화장실** トイレ／化粧室 漢 化粧室
_{ファジャンシル}

화장실은 오른쪽에 있어요. トイレは右側にあります。
_{ファジャンシルン オルンッチョゲ イッソヨ}

화장실은 어디예요? トイレはどこですか？
_{ファジャンシルン オディエヨ}

動詞

□ **청소하다** 掃除する 漢 청소清掃
_{チョンソハダ}

주말에는 집을 청소해요. 週末は家を掃除します。
_{チュマレヌン チブル チョンソヘヨ}

派 **청소기** 掃除機 漢 清掃機
_{チョンソギ}

청소기를 사용하면 청소가 쉬워요.
_{チョンソギルル サヨンハミョン チョンソガ シィウォヨ}
掃除機を使えば掃除が楽です。

派 **쓰레기통** ゴミ箱 漢 통桶
_{ッスレギトン}

쓰레기는 쓰레기통에 버립시다.
_{ッスレギヌン ッスレギトンエ ポリプシダ}
ゴミはゴミ箱に捨てましょう。

家 / 住宅・インテリア / 1日の行動 / 外での行動 / 料理 / 食材・味 / 健康・病気

집 チプ 家

쓰레기통 ッスレギトン ゴミ箱

화장실 ファジャンシル トイレ

욕실 ヨクシル 風呂

창문 チャンムン 窓

계단 ケダン 階段

벽 ビョク 壁

문 ムン ドア

열쇠 ヨルセ 鍵

청소하다 チョンソハダ 掃除する

ッパルレハダ
□ **빨래하다** 洗濯する

＊ 빨래 (洗濯もの)

ナルッシガ　チョアソ　ッパルレハギ　チョウン　ナリエヨ
날씨가 좋아서 빨래하기 좋은 날이에요.
天気がよくて洗濯するのによい日です。

ッパルレルル　コドゥルリョヨ
빨래를 걷어들여요. 洗濯物を取り込みます。

セタッキ
派 **세탁기** 洗濯機 漢 洗濯機

セタッキエソ　オスル　ッコネヨ
세탁기에서 옷을 꺼내요. 洗濯機から服を取り出します。

アッチムマダ　セタッキルル　トゥルリョヨ
아침마다 세탁기를 돌려요. 毎朝洗濯機をまわします。

これも覚えよう

● 名詞

セミョンデ
□ **세면대**
洗面台 漢 洗面台

チムシル
□ **침실** 寝室 漢 寝室

コシル
□ **거실**
リビング 漢 居室

ポクット
□ **복도** 廊下 漢 複道

ビョク
□ **벽** 壁 漢 壁

ヨクシル
□ **욕실** 風呂 漢 浴室

アイバン
□ **아이방** 子ども部屋

パダク
□ **바닥** 床

チョンジャン
□ **천장** 天井 漢 天障

住宅・インテリア

名詞

□ **집세** チブセ　家賃　漢 세貰

チブセガ　オルマエヨ
집세가 얼마예요?　家賃は（が）いくらですか？

派 **전세** チョンセ　家賃前払い／保証金　漢 前貰

＊ 退去時に全額受け取れる韓国式の家賃。まとまった金額を
　入居時に払い、家主はそのお金を運用する

派 **월세** ウォルセ　月払い家賃　漢 月貰

コシウォン　ウォルセヌン　ッサヨ
고시원 월세는 싸요.　コシウォンの家賃は安いです。

＊ 고시원はシェアハウスに似ている。
　台所とシャワーが共同で、部屋がとても狭いのが特徴

□ **온돌** オンドル　床暖房／オンドル　漢 温突

オンドルバンイ　ッタットゥッテヨ
온돌방이 따뜻해요.　床暖房の部屋が温かいです。

□ **부엌** プオク　台所

プオケソ　ヨリヘヨ
부엌에서 요리해요.　台所で料理します。

類 **주방** チュバン　厨房　漢 厨房

ネンジャンゴ
□ **냉장고** 冷蔵庫 漢 冷蔵庫

ネンジャンゴアネ　ウユガ　イッソヨ
냉장고안에 우유가 있어요?
冷蔵庫の中に牛乳は（が）ありますか？

カグ
□ **가구** 家具 漢 家具

カグヌン　オディソ　サル　ス　イッソヨ
가구는 어디서 살 수 있어요?
家具はどこで買えますか？

アパトゥ
□ **아파트** アパート

＊ 日本のマンションのこと

アパトゥヌン　ビッサソ　モッ　サヨ
아파트는 비싸서 못 사요.
マンションは高くて買えません。

ハングゲ　アパトゥヌン　パンイ　ノルボヨ
한국의 **아파트**는 방이 넓어요.
韓国のアパートは部屋が広いです。

タンドゥクジュテク
□ **단독주택** 一戸建て 漢 単独住宅

プモニム　チブン　タンドゥクジュテギエヨ
부모님 집은 **단독주택**이에요.
両親の家は一戸建てです。

チャゴ
□ **차고** 車庫 漢 車庫

チベ　チャゴガ　イッソヨ
집에 **차고**가 있어요. 家に車庫は（が）あります。

チュチャジャン
派 **주차장** 駐車場 漢 駐車場

ペックッジョメ　チュチャジャンイ　イッソヨ
백화점에 **주차장**이 있어요?
デパートに駐車場がありますか？

집안 チバン 家の中

의자 ウィジャ いす

옷걸이 オッコリ ハンガー

탁자 タクチャ テーブル

냉장고 ネンジャンゴ 冷蔵庫

부엌 プオク 台所

싱크대 シックデ シンク

서랍 ソラプ 引き出し

거울 コウル 鏡

소파 ソパ ソファ

온돌 オンドル 床暖房

● **名詞**

□ **탁자** テーブル 漢卓子
　タクチャ

□ **의자** いす 漢椅子
　ウィジャ

의자에 앉으세요. いすに座ってください。
ウィジャエ　アンジュセヨ

□ **소파** ソファ
　ソパ

소파에서 낮잠 잤어요. ソファで昼寝しました。
ソパエソ　ナッチャム チャッソヨ

□ **책상** 机 漢冊床
　チェクサン

책상위에 교과서가 있어요. 机の上に教科書があります。
チェクサンウィエ キョクヮソガ イッソヨ

□ **거울** 鏡
　コウル

□ **서랍** 引き出し
　ソラプ

서랍안에 도장이 있어요. 引き出しの中にハンコがあります。
ソラプアネ　トジャンイ イッソヨ

□ **옷걸이** ハンガー
　オッコリ

□ **싱크대** シンク／流し台 漢대台
　シンクデ

UNIT **3**

Track 20

起きてから寝るまでの動作を表す単語を勉強します

1日の行動

動詞

□ _{イロナダ} **일어나다** 起きる

_{メイル アッチム ヨドル シエ イロナヨ}
매일 아침 8 시에 일어나요.
毎朝8時に起きます。

_{ポットン ミョッ シエ イロナヨ}
보통 몇 시에 일어나요?
普段何時に起きますか？ 🈑 보통 普通

□ _{チャダ} **자다** 寝る

_{ナヌン オフ ヨラン シエ チャヨ}
나는 오후 11 시에 자요. わたしは午後11時に寝ます。

類 _{シィダ} **쉬다** 休む

* 休憩／休息／休暇などの意味がある

_{イリ ヒムドゥロソ チョグム シィオッソヨ}
일이 힘들어서 조금 쉬었어요.
仕事が大変で少し休みました。

_{チョム スィオッタガ ハセヨ}
좀 쉬었다가 하세요. ちょっと休んでからにしてください。

派 _{ナッチャムル チャダ} **낮잠을 자다** 昼寝をする

_{サムシップンジョンド ナッチャムル チャヨ}
30분정도 낮잠을 자요. 30分くらい昼寝をします。

派 _{ヌッチャムル チャダ} **늦잠을 자다** 寝坊をする

□ **이를 닦다** 歯を磨く
イルル タクタ

아들은 하루 세 번 이를 닦아요.
アドゥルン ハル セ ボン イルル タッカヨ
息子は1日3回歯を磨きます。

派 **치약** 歯磨き　**칫솔** 歯ブラシ
チヤク　　　　　　　チッソル

칫솔과 치약은 세면대 위에 있어요.
チッソルクァ チヤグン セミョンデ ウィエ イッソヨ
歯ブラシと歯磨きは洗面台の上にあります。

□ **세수하다** 洗顔する　漢 세수洗水
セスハダ

세수하고 나면 기분이 좋아요.
セスハゴ ナミョン キブニ チョアヨ
洗顔すると気持ちがいいです。

派 **세숫비누** 洗顔せっけん
セスッビヌ

세숫비누에서 좋은 향기가 나요.
セスッビヌエソ チョウン ヒャンギガ ナヨ
洗顔せっけんからいい香りがします。

派 **손을 씻다** 手を洗う
ソヌル ッシッタ

외출하고 돌아오면 손을 씻어요.
ウェチュラゴ トラオミョン ソヌル ッシッソヨ
外出して戻ったら手を洗います。

□ **샤워를 하다** シャワーをする
シャウォルル ハダ

나는 매일 저녁 샤워를 해요.
ナヌン メイル チョニョク シャウォルル ヘヨ
わたしは毎晩シャワーをします。

＊ 韓国人はシャワー派が多い。
　浴槽につかりたいときは銭湯に行く

家 / 住宅・インテリア / 1日の行動 / 外での行動 / 料理 / 食材・味 / 健康・病気

^{モ リ ル ル} ^{カ ム タ}
□ 머리를 감다 髪を洗う 漢 머리頭

^{モ リ ル ル} ^{カ ム コ} ^{ナ ソ} ^{ドゥ ラ イ オ ル ル} ^{サ ヨ ン ヘ ヨ}
머리를 감고 나서 드라이어를 사용해요.

髪を洗ってからドライヤーを使います。

^{シャ ム プ ハ ダ}
類 **샴푸하다** シャンプーする

^{ミ ヨ ン シ レ ソ} ^{シャ ム プ ハ ミョ ン} ^{サ ン ク ウェ ヘ ジョ ヨ}
미용실에서 샴푸하면 상쾌해져요.

美容室でシャンプーするとさっぱりします。

---

^{ファ ジャ ン ハ ダ}
□ 화장하다 化粧する 漢 화장化粧

^{フェ サ エ} ^{カ ギ} ^{ジョ ン} ^{ファ ジャ ン ヘ ヨ}
회사에 가기 전 화장해요. 会社に行く前に化粧します。

^{ファ ジャ ン プ ム}
派 **화장품** 化粧品 漢 化粧品

^{オ ン ニ ヌ ン} ^{ファ ジャ ン プ ム ル} ^{マ ニ} ^{カ ジ ゴ} ^{イッ ソ ヨ}
언니는 화장품을 많이 가지고 있어요.

姉は化粧品をたくさん持っています。

^{ソ ウ レ} ^{カ ミョ ン} ^{ファ ジャ ン プ ム ル} ^{マ ニ} ^{サ ゴ} ^{シッ ポ ヨ}
서울에 가면 화장품을 많이 사고 싶어요.

ソウルに行ったら化粧品をたくさん買いたいです。

^{ファ ジャ ン チ}
派 **화장지** トイレットペーパー 漢 化粧紙

^{ファ ジャ ン チ ヌ ン} ^{ッ ス レ ギ ト ン エ} ^{ポ リ セ ヨ}
화장지는 쓰레기통에 버리세요.

トイレットペーパーはゴミ箱に捨ててください。

> * 韓国の家では、トイレットペーパーをゴミ箱に捨てる習慣が
> 残っている

これも
覚えよう

家

住宅・インテリア

1日の行動

外での行動

料理

食材・味

健康・病気

● 名詞

□ **간식** カンシク おやつ 漢間食

● 動詞

□ **식사하다** シクサハダ 食事する 漢食事食事

같이 식사해요. カッチ シクサヘヨ 一緒に食事しましょう。

＊ 気軽に食事に誘うときに使うフレーズ

□ **옷을 입다** オスル イプタ 服を着る

이 옷을 입어봐도 돼요? イ オスル イボボァド テヨ この服を着てみても
いいですか？

＊ 試着したいときに使うフレーズ

□ **갈아입다** カライプタ 着替える

□ **옷을 벗다** オスル ポッタ 服を脱ぐ

코트는 벗으세요. コトゥヌン ボッスセヨ コートは脱いでください。

□ **철야하다** チョリャハダ
徹夜する 漢徹夜徹夜

□ **졸다** チョルダ 居眠りする

□ **코를 골다** コルル コルダ
いびきをかく

UNIT 4

Track 21

家の外での動作に関する単語を勉強します

外での行動

動詞

□ **학교에 가다** 学校に行く 漢学校学校
ハッキョエ カダ

오늘은 학교에 안 가요. 今日は学校に行きません。
オヌルン ハッキョエ アン ガヨ

□ **회사에 가다** 会社に行く 漢会社会社
フェサエ カダ

아버지는 회사에 가셨어요.
アボジヌン フェサエ カショッソヨ
お父さんは会社に行かれました (行きました)。

□ **전철을 타다** 電車に乗る 漢電鉄電鉄
ジョンチョルル タダ

전철을 타고 공항에 갔어요. 電車に乗って
ジョンチョルル タゴ コンハンエ カッソヨ 空港に行きました。

派 **버스** バス **마을버스** 地域内を巡回するミニバス
ボス マウルボス

□ **수다를 떨다** おしゃべりをする
スダルル ットルダ

집에 가는 길에 친구하고 수다를 떨었어요.
チベ カヌン キレ チングハゴ スダルル ットロッソヨ
家に帰る途中、友人とおしゃべりしました。

□ **미용실에 가다** 美容室に行く 漢美容室美容室
ミヨンシレ カダ

미용실에 가서 머리를 잘랐어요. 美容室に行って
ミヨンシレ カソ モリルル チャルラッソヨ 髪を切りました。

家

住宅・インテリア

1日の行動

外での行動

料理

食材・味

健康・病気

□ **음악을 듣다** 音楽を聴く ㊋ 음악音楽
ウマグル　　トゥッタ

일요일에는 집에서 음악을 듣습니다.
イリョイレヌン　　チベソ　　ウマグル　　トゥッスムニダ
日曜日には家で音楽を聴きます。

유튜브로 음악을 듣고 있어요.
ユテュブロ　　ウマグル　　トゥッコ　イッソヨ
YouTubeで音楽を聴いています。

. . . .

□ **책을 읽다** 本を読む
チェグル　イクタ

저는 책을 읽는 게 좋아요.
チョヌン　チェグル　インヌン　ゲ　チョアヨ
私は本を読むのが好きです。

한국 책을 읽었어요.
ハングク　チェグル　イルゴッソヨ
韓国の本を読みました。

㊝ **독서하다** 読書する ㊋ 독서読書
トクソハダ

제 취미는 독서예요.
チェ　チュイミヌン　トクソエヨ
私の趣味は読書です。

. . . .

□ **게임을 하다** ゲームをする
ゲイムル　ハダ

게임은 하루에 1 시간만 해요.
ゲイムン　　ハルエ　　ハン　シガンマン　ヘヨ
ゲームは一日に1時間だけします。

게임만 하지 말고 독서나 해.
ゲイムマン　ハジ　　マルゴ　トクソナ　ヘ
ゲームばかりしないで読書でもしなさい。

. . . .

これも覚えよう

● 名詞

□ **수건** スゴン タオル (漢)手巾

□ **이불** イブル 掛け布団

□ **요** ヨ 敷布団

□ **입욕제** イビョクジェ
入浴剤 (漢)入浴剤

□ **면도기** ミョンドギ
髭剃り (漢)面刀器

□ **다리미** タリミ アイロン

□ **베개** ペゲ 枕

□ **담요** タムニョ 毛布

● 動詞

□ **텔레비전을 보다** テルレビジョヌル ボダ テレビを見る

일요일에는 집에서 텔레비전을 봐요.
イリョイレヌン チベソ テルレビジョヌル ボァヨ
日曜日には家でテレビを見ます。

텔레비전 꺼 주세요. テルレビジョン ッコ ジュセヨ テレビ(を)消してください。

韓国料理の調理法には固有語が多く使われています

料理

動詞

□ **자르다** 切る
チャルダ

감자를 반으로 자릅니다. ジャガイモを半分に切ります。
カムジャルル パヌロ　　チャルムニダ

□ **썰다** きざむ
ッソルダ

파를 썰어서 냄비에 넣습니다. ねぎをきざんで
パルル　ッソロソ　ネムビエ　ノッスムニダ　　　　　鍋に入れます。

□ **볶다** 炒める
ポックタ

프라이팬으로 야채를 볶아요. フライパンで
プライペヌロ　　　ヤチェルル　ポッカヨ　　　野菜を炒めます。

派 **볶음밥** チャーハン
ポックムパプ

저는 김치볶음밥을 만들었어요.
チョヌン　キムチポックムパブル　マンドゥロッソヨ
私はキムチチャーハンを作りました。

□ **데우다** 温める/（レンジで）チンする
テウダ

어제 먹고 남은 카레를 데워요.
オジェ　モッコ　ナムン　カレルル　テウォヨ
昨日食べ残したカレーを温めます。

전자레인지로 도시락을 데워 주세요.
ジョンジャレインジロ　トシラグル　テウォ　ジュセヨ
電子レンジでお弁当を温めてください。

요리 [ヨリ] 料理

삶다 [サムタ] ゆでる

굽다 [クプタ] 焼く ジュージュー

자르다 [チャルダ] 切る

도마 [トマ] まな板

볶다 [ポクッタ] 炒める

칼 [カル] 包丁

썰다 [ッソルダ] きざむ

데우다 [テウダ] 温める チーン！

젓가락 [チョッカラク] はし

튀기다 [トゥィギダ] 揚げる

찌다 [ッチダ] 蒸す

□ **굽다** 焼く
クプタ

고기를 구워서 먹습니다. 肉を焼いて食べます。
コギルル　クォソ　モッスムニダ

□ **튀기다** 揚げる
トゥィギダ

닭고기를 튀겨서 닭튀김을 만들었어요.
タッコギルル　トゥィギョソ　タクトゥィギムル　マンドゥロッソヨ
鶏肉を揚げて唐揚げを作りました。

派 **튀김** フライ／天ぷら
トゥィギム

□ **찌다** 蒸す
ッチダ

냄비에 만두를 넣고 3분간 찝니다.
ネンビエ　マンドゥルル　ノッコ　サムブンガン　ッチムニダ
鍋にマンドゥ（韓国風小籠包）を入れて3分間蒸します。

□ **삶다** ゆでる
サムタ

계란을 삶아서 먹었어요. 卵をゆでて食べました。
ケラヌル　サルマソ　モゴッソヨ

これも
覚えよう

● 名詞

□ **접시** 皿
チョプッシ

□ **도마** まな板
トマ

□ **칼** 包丁／ナイフ
カル

□ **젓가락** はし
_{チョッカラク}

_{チョカラグロ　　　パンチャヌル　モゴヨ}
젓가락으로 반찬을 먹어요.
はしでおかずを食べます。

□ **숟가락** スプーン
_{スッカラク}

_{スッカラグロ　　　パプクヮ　クグル　モゴヨ}
숟가락으로 밥과 국을 먹어요.
スプーンでご飯と汁を食べます。

＊ 汁も「食べる」を使う

□ **수저** はしとスプーンのセット
_{スジョ}

_{スジョ　ジュセヨ}
수저 주세요. はしとスプーンください。

＊ 食堂の수저はテーブル下に収納スペースがある

● **動詞**

□ **휘젓다** かき混ぜる
_{フィジョッタ}

_{スッカラグロ　　　フィジョオヨ}
숟가락으로 휘저어요. スプーンでかき混ぜます。

□ **무치다** 和える
_{ムチダ}

_{カンジャンエ　ムッチョソ　トゥセヨ}
간장에 무쳐서 드세요. 醤油に和えて召し上がれ。

韓国料理の食材や味覚に関する単語を勉強します

食材・味

名詞

□ **파** ねぎ
> パ

이 식당은 파전이 유명해요.
> イ シクタンウン パジョニ ユミョンヘヨ

この食堂はねぎのお好み焼きが有名です。 漢 전煎

派 **양파** 玉ねぎ 漢 양洋
> ヤンパ

□ **배추** 白菜
> ペチュ

배추김치가 제일 맛있어요.
> ペチュキムチガ チェイル マシッソヨ

白菜のキムチが
一番おいしいです。

派 **양배추** キャベツ 漢 양洋
> ヤンペチュ

□ **양념** 味付け/薬味
> ヤンニョム

양념 치킨을 먹고 싶어요.
> ヤンニョム チキヌル モッコ シッポヨ

味付けチキンを
食べたいです。

動詞

□ **먹다** 食べる
> モクタ

집에서 찌개를 먹고 왔어요.
> チベソ ッチゲルル モッコ ワッソヨ

家でチゲを
食べてきました。

パ
파
ねぎ

メプタ
맵다
辛い

ペチュ
배추
白菜

ヤンニョム
양념
薬味

オイ
오이
きゅうり

タルダ
달다
甘い

ッチャダ
짜다
しょっぱい

マシダ
□ **마시다** 飲む

ムォル　マシルレヨ
뭘 마실래요? なにを飲みますか？

形容詞

メプタ
□ **맵다** 辛い

イゴ　メウォヨ
이거 매워요? これ辛いですか？

ビョルロ　アン　メウォヨ
별로 안 매워요. そんなに辛くありません。

＊ 별로 (別に)

タルダ
□ **달다** 甘い

イ　ケイクヌン　ビョルロ　アン　タラヨ
이 케이크는 별로 안 달아요.
このケーキはそんなに甘くありません。

チョヌン　タン　ゴスル　アジュ　チョアヘヨ
저는 단 것을 아주 좋아해요.
私は甘いものがとても好きです。

＊ 달다→단 것になる。ㄹ語幹という特殊な活用をする。
　　P207参照。를／을 좋아하다 (チョアハダ) の直訳は「〜を好む」

ッチャダ
□ **짜다** 塩辛い／しょっぱい

ハングクサン　ミョンランジョスン　ッチャヨ
한국산 명란젓은 짜요. 韓国産明太子はしょっぱいです。

これも覚えよう

● 名詞

□ **소금** ソグム 塩

□ **호박** ホバク かぼちゃ

□ **설탕** ソルタン 砂糖 漢雪糖

□ **콩나물** コンナムル 豆もやし

□ **식초** シクチョ 酢 漢食酢

□ **상추** サンチュ レタス

□ **간장** カンジャン 醤油 漢장醬

□ **참치** チャムチ マグロ

□ **된장** テンジャン 味噌 漢장醬

□ **장어** チャンオ ウナギ 漢長魚

□ **오이** オイ きゅうり

□ **오징어** オジンオ イカ

□ **감자** カムジャ じゃがいも

□ **게** ケ カニ

● 形容詞

□ **쓰다** ッスダ 苦い

약은 씁니다. ヤグン ッスムニダ 薬は苦いです。

□ **시다** シダ すっぱい

레몬은 셔요. レモヌン ショヨ レモンはすっぱいです。

104

UNIT 7

Track 24

薬局やクリニックで使う単語を勉強します

健康・病気

★身体の部位については
第2章のUNIT 2 (P42) を参照してください

第2章のUNIT 2 (P42) を参照してください

名詞

□ **병원** ピョンウォン　病院 　漢 病院

머리가 _{モリガ} 아파서 _{アッパソ} 병원에 _{ビョンウォネ} 갔어요. _{カッソヨ}　頭が痛くて病院に行きました。

□ **약국** ヤックク　薬局 　漢 薬局

약국에서 _{ヤックゲソ} 소화제를 _{ソファジェルル} 사요. _{サヨ}　薬局で消化剤を買います。

약국에서는 _{ヤックゲソヌン} 처방전이 _{チョバンジョニ} 필요해요. _{ピリョヘヨ}
薬局では処方箋が必要です。

＊ 市販薬には処方箋は必要ない

□ **감기** カムギ　風邪 　漢 感気

감기에 _{カムギエ} 걸려서 _{コルリョソ} 회사를 _{フェサルル} 쉬었어요. _{スィオッソヨ}
風邪を引いて会社を休みました。

同 **감기가 들다** カムギガ トゥルダ　風邪を引く

＊ 口語でよく使う動詞

派 **감기약** カムギヤク　風邪薬 　漢 感気薬

감기약을 _{カムギヤグル} 먹고 _{モッコ} 푹 _{プク} 자요. _{チャヨ}　風邪薬を飲んでぐっすり眠ります。

☐ **기침이 나오다** 咳が出る
_{キッチミ ナオダ}

감기에 걸려서 기침이 나와요.
_{ガムギエ コルリョソ キッチミ ナワヨ}

風邪を引いて咳が出ます。

派 **재채기가 나오다** くしゃみが出る
_{チェチェギガ ナオダ}

꽃가루 알레르기때문에 재채기가 나와요.
_{ッコッカル アルレルギッテムネ チェチェギガ ナワヨ}

花粉アレルギーのせいでくしゃみが出ます。

☐ **콧물이 나오다** 鼻水が出る
_{コンムリ ナオダ}

콧물이 나오면 어떤 약을 먹습니까?
_{コンムリ ナオミョン オットン ヤグル モクスムニッカ}

鼻水が出たらどんな薬を飲みますか?

아기의 콧물 닦아줘요. 赤ちゃんの鼻水ふいてあげて。
_{アギエ コンムル タッカジョヨ}

☐ **설사하다** 下痢する 漢 설사泄瀉
_{ソルサハダ}

배탈이 나서 설사해요. お腹を壊して下痢しています。
_{ペタリ ナソ ソルサヘヨ}

派 **지사약** 止瀉薬 漢 止瀉薬
_{チサヤク}

설사를 멈추기 위해 지사약을 먹었습니다.
_{ソルサルル モムチュギ ウィヘ チサヤグル モゴッスムニダ}

下痢を止めるために下痢止めを飲みました。

派 **설사약** 下痢止め
_{ソルサヤク}

□ **상처가 나다** けがをする ㊟ 相處傷處

넘어져서 상처가 났어요. 転んでけがをしました。

□ **열이 나다** 熱が出る ㊟ 熱熱

열이 나고 기침이 멈추지 않아요.
熱が出て咳が止まりません。

열이 있으면 학교를 쉬세요.
熱があったら学校を休みなさい。

□ **토할 것 같다** 吐き気がする

토할 것 같은 기분이에요. 吐きそうな気分です。

뱃멀미로 토할 것 같아요. 船酔いで吐きそうです。

これも覚えよう

● **名詞**

□ **두통** 頭痛 ㊟ 頭痛

□ **요통** 腰痛 ㊟ 腰痛

□ **빈혈** 貧血 ㊟ 貧血

□ **변비** 便秘 ㊟ 便秘

□ **독감** インフルエンザ ㊟ 毒感

家

住宅・インテリア

1日の行動

外での行動

料理

食材・味

健康・病気

현기증 ヒョンギチュン
めまい 漢眩気症

생리통 センニトン
生理痛 漢生理痛

습진 スプチン
湿疹 漢湿疹

충치 チュンチ
虫歯 漢虫歯

처방전 チョバンジョン
処方箋 漢処方箋

진통제 チントンジェ
鎮痛剤 漢鎮痛剤

안약 アニャク
眼薬 漢眼薬

類 눈약 ヌンニャク
目薬

변비약 ビョンビヤク
便秘薬 漢便秘薬

한약 ハニャク
漢方薬 漢韓薬

의사 ウィサ
医師 漢医師

약사 ヤクサ
薬剤師 漢薬師

간호사 カノサ
看護師 漢看護師

주사 チュサ
注射 漢注射

수술 ススル
手術 漢手術

● 動詞

피가 나다 ピガ ナダ 血が出る

피가 나서 멈추지 않아요. ピガ ナソ モムチュジ アナヨ 血が出て止まりません。

楽しむ・SNS

Track 25 ～ 29

SNS用語は外来語が多いのですが、
日本語のカタカナとは発音が違うので音声でよく確認を。
そのほか、ファッションや趣味などに関する
単語を紹介します。

ファッションに関する単語を勉強します

ファッション

名詞

☐ **셔츠** シャツ
　_{ショチュ}

　_{ハヤンセク　　ショチュ　ジュセヨ}
　하얀색 셔츠 주세요. 白いシャツください。

　派 **티셔츠** Tシャツ　　**블라우스** ブラウス
　　_{ティショチュ}　　　　　　　_{ブルラウス}

　_{ティショチュ　ハンボルクァ　ブルラウス　トゥボルル　サッソヨ}
　　티셔츠 1벌과 블라우스 2벌을 샀어요.
　　Tシャツ1枚とブラウス2枚を買いました。

☐ **바지** ズボン
　_{バジ}

　_{バジルル　イプコ　ウンドンファルル　シノヨ}
　바지를 입고 운동화를 신어요.
　ズボンをはいて運動靴をはきます。

> ＊ ファッション用語は外来語が多いので、
> 　なるべく外来語以外の単語を掲載している

　派 **청바지** ジーンズ　漢 청청
　　_{チョンバジ}

　_{チョンバジ　チャリミ　モシッソヨ}
　　청바지 차림이 멋있어요. ジーンズ姿が素敵です。

☐ **치마** スカート
　_{チマ}

　_{ナヌン　チマボダ　チョンバジルル　イムヌン　ッチョギ　チョア}
　나는 치마보다 청바지를 입는 쪽이 좋아.
　わたしはスカートよりジーンズをはくほうが好き。

動詞

オウルリダ
□ **어울리다** 似合う

コムンセクポダ　ハヤンセク　オシ　ト　チャル　オウルリョヨ
검은색보다 하얀색 옷이 더 잘 어울려요.
黒い色より白い色の服がよく似合います。

＊ **더**（もっと/より）

チャル　オウルリヌン　コプリエヨ
잘 어울리는 커플이에요. お似合いのカップルです。

マウメ　　　トゥルダ
□ **마음에 들다** 気に入る

イ　ウォンピス　マウメ　　トゥロッソヨ
이 원피스 마음에 들었어요.
このワンピース気に入りました。

形容詞

ノンノッカダ
□ **넉넉하다** ゆったりする

ウンドンハル　ッテ　イブル　ノンノッカン　オスル　チャッコ　イッソヨ
운동할 때 입을 넉넉한 옷을 찾고 있어요.
運動するときに着るゆったりした服を探しています。

オヌルン　チュモニガ　ノンノッケヨ
오늘은 주머니가 넉넉해요.
今日は懐があたたかいです。

＊ お金に余裕があるという意味。**주머니**（ポケット）

タイトゥハダ
反 **타이트하다** タイトだ

イ　チョンバジ　ノム　タイトゥハジ　アナ
이 청바지 너무 타이트하지 않아?
このジーンズ細すぎない？

□ **수수하다** 地味だ
ススハダ

パティに 입고 가기에는 너무 수수한 옷이에요.
パティエ　イッコ　カギエヌン　ノム　ススハン　オシエヨ

パーティに着ていくには地味すぎる服です。

反 **화려하다** 派手だ／華やかだ 漢 화려華麗
ファリョハダ

これも
覚えよう

● 名詞

□ **속옷** 下着
ソゴッ

□ **양말** 靴下 漢 洋襪
ヤンマル

□ **양복** スーツ 漢 洋服
ヤンボク

□ **한복** 韓服 漢 韓服
ハンボク

派 **저고리** チョゴリ
チョゴリ

□ **안경** 眼鏡 漢 眼鏡
アンギョン

□ **손수건**
ソンスゴン
ハンカチ 漢 수건手巾

□ **지갑** 財布 漢 紙匣
チガプ

□ **장갑** 手袋 漢 掌匣
チャンガプ

□ **귀걸이** イヤリング
クィゴリ

派 **목걸이** ネックレス
モッコリ

□ **팔찌** 腕輪
パルッチ

□ **우산** 傘 漢 雨傘
ウサン

派 **양산** 日傘 漢 洋傘
ヤンサン

□ **시계** 時計 漢 時計
シゲ

□ **모양** 模様 漢 模様
モヤン

UNIT 2

Track 26

買い物するときに必要な単語を勉強します

ショッピング

名詞

□ **계산대** レジ ㊈計算台
ケサンデ

계산대에 줄이 길어요. レジが混んでいます。
ケサンデエ　チュリ　キロヨ

＊ 直訳は「列が長いです」

□ **현금** 現金 ㊈現金
ヒョングム

노점에서는 현금밖에 쓸 수 없어요.
ノジョメソヌン　　　ヒョングムパッケ　ッスル　ス　オプソヨ
屋台では現金しか使えません。

현금을 쓰는 사람이 거의 없어요.
ヒョングムル　ッスヌン　サラミ　　コイ　オプソヨ
現金を使う人はほとんどいません。

動詞

□ **깎다** まける
ッカッタ

깎아 주세요. まけてください。
ッカッカ　ジュセヨ

그럼 살게요. じゃあ (それなら)、買います。
クロム　サルケヨ

＊ 깎다は「(鉛筆を)削る」「(りんごの皮を)むく」という意味の動詞で、
　「まける」という意味もある。デパートでは値切れないが、市場や
　ファッションビルなどではふたつ買うとまけてくれることも多い

_{イボボダ}
□ **입어보다** 試着する

＊ 直訳は「着てみる」

_{タリシレソ} _{イボボル} _ス _{イッソヨ}
탈의실에서 입어볼 수 있어요?
試着室で試着できますか？ 邇**탈의실脱衣室**

_{モゴボダ}
派 **먹어보다** 試食する

＊ 直訳は「食べてみる」。試食コーナーで使える単語

_{モゴボァド} _{テヨ}
먹어봐도 돼요? 試食してもいいですか？

_{カドゥチプラダ}
□ **카드지불하다** カード払い 邇**지불支払**

_{ケサヌン} _{カドゥチプラル} _ス _{インナヨ}
계산은 카드지불할 수 있나요?
清算はカード払いできますか？ 邇**계산計算**

_{イルシプル}
派 **일시불** 一括払い 邇**一時払**

_{シニョンカドゥエ} _{ケサヌン} _{イルシプルマン} _{カヌンハムニダ}
신용카드의 계산은 일시불만 가능합니다.
クレジットカードの清算は一括払いだけ可能です。 邇**신용信用**

_{ファンジョナダ}
□ **환전하다** 両替する 邇**환전換銭**

_{ハングン} _{ヨヘンウル} _{ウィヘ} _{ウネンエソ} _{ファンジョネッソヨ}
한국 여행을 위해 은행에서 환전했어요.
韓国旅行のために銀行で両替しました。

_{イルボントヌル} _{ファンジョナル} _ス _{イッソヨ}
일본돈을 환전할 수 있어요?
日本のお金を両替できますか？

ポジャンハダ
□ 포장하다　包装する／包む　漢 포장包装

センイルソンムルル　　ジョンソンッコッ　ポジャンヘヨ
생일선물을 정성껏　포장해요.

誕生日プレゼントを心を込めて包みます。

ポジャンチ
派 **포장지**　包装紙　漢 包装紙

ポジャンチロ　ポジャンヘ　トゥリルッカヨ
포장지로 포장해 드릴까요?　包装紙で包みましょうか？

ポジャンヘ　ジュセヨ
포장해 주세요.　包んでください。

＊ 有料で包装してもらうときに使うフレーズ

ショッピンベク
□ 쇼핑백　ショッピングバッグ（紙袋）

ショピンベギ　ビリョハセヨ
쇼핑백이 필요하세요?

ショッピングバッグが必要ですか？

アニヨ　　クェンチャナヨ
아니요. 괜찮아요.　いいえ。大丈夫です。

＊ 本屋などでは、店員から紙袋が必要かどうかをたずねられる。
　韓国ではマイバッグが必須！

形容詞

ピッサダ
□ 비싸다　高い

センガッポダ　ビッサヨ
생각보다 비싸요.　思ったより高いです。

ブドンサニ　ビッサヨ
부동산이 비싸요.　不動産が高いです。

＊ 韓国の不動産は日本よりも高い

これも
覚えよう

● **名詞**

☐ 가게 _{カゲ} 店

☐ 물건 _{ムルゴン} 物 漢 物件

☐ 벼룩시장 _{ピョルクシジャン}
のみの市 漢 市場市場

☐ 점원 _{ジョムォン} 店員 漢 店員

● **動詞**

☐ 바꾸다 _{パックダ} 替える

한국돈으로 바꿔 주세요. _{ハングクトヌロ バックゥオ ジュセヨ}
韓国のお金に替えてください。

☐ 사다 _{サダ} 買う

☐ 다시오다 _{タシオダ}
また来る

● **形容詞**

☐ 싸다 _{ッサダ} 安い

백화점보다 시장이 더 싸요. _{ベックゥジョムボダ シジャンイ ト ッサヨ}
デパートより市場がずっと安いです。

교통비가 싸요. _{キョトンビガ ッサヨ} 交通費が安いです。

＊ 韓国の物価は日本と変わらないが、交通費が安い

UNIT 3

Track 27

趣味やスポーツに関する単語を勉強します

趣味・スポーツ

ファッション

ショッピング

趣味・スポーツ

スマホ・SNS

パソコン

名詞

チュック
□ **축구** サッカー 漢蹴球

ウォルドゥコブン　セゲチョギン　チュックテフェエヨ
월드컵은 세계적인 축구대회예요.
ワールドカップは世界的なサッカー大会です。

＊ はやりのスポーツには外来語が多いので、
　ここではそれ以外の単語をなるべく掲載している

ヤグ
□ **야구** 野球 漢野球

ウンウォンハヌン　ヤグ　ティミ　イッソ
응원하는 야구 팀이 있어?
応援している野球チームある？

タック
□ **탁구** 卓球 漢卓球

ティブイエソ　タック　キョンギルル　チュンゲハゴ　イッソヨ
TV에서 탁구 경기를 중계하고 있어요.
テレビで卓球競技を中継しています。

テクォンド
□ **태권도** テコンドー 漢跆拳道

チョドゥンハッキョ　ッテ　テクォンドルル　ベウォッソヨ
초등학교 때 태권도를 배웠어요.
小学校のときテコンドーを習いました。

□ **미술관** 　ミスルクワン　美術館　漢 美術館

내일 국립현대미술관에 갈 예정이에요.
ネイル　クンニブヒョンデミスルクヮネ　カル　イェジョンイエヨ
明日国立現代美術館に行く予定です。

□ **박물관** 　パンムルクワン　博物館　漢 博物館

국립중앙박물관은 4호선 이촌역앞에 있어요.
クンニブチュンアンパンムルクヮヌン　サホソン　イチョンヨクアッペ　イッソヨ
国立中央博物館は4号線二村駅前にあります。

動詞

□ **노래를 부르다** 　ノレルル　プルダ　歌を歌う

친구들과 노래방에서 노래를 불렀어요.
チングドゥルクヮ　ノレバンエソ　ノレルル　プルロッソヨ
友だちとカラオケで歌を歌いました。

친구는 노래를 잘 불러요.
チングヌン　ノレルル　チャル　プルロヨ
友人は歌がうまいです。

저는 노래를 못 불러요.
チョヌン　ノレルル　モッ　プルロヨ
私は歌が下手です。

□ **영화를 보다** 　ヨンファルル　ポダ　映画を観る　漢 映画映画

주말에는 집에서 영화를 봐요.
チュマレヌン　チベソ　ヨンファルル　ボァヨ
週末には家で映画を観ます。

ファッション

ショッピング

趣味・スポーツ

スマホ・SNS

パソコン

ウンドン
운동 ／ スポチュ
스포츠 運動／スポーツ

スヨン
수영 水泳

タック
탁구 卓球

ノング
농구 バスケットボール

ヤグ
야구 野球

チュック
축구 サッカー

これも覚えよう

● 名詞

スヨン
□ **수영** 水泳 漢水泳

ノング
□ **농구** バスケットボール 漢籠球

トイェ
□ **도예** 陶芸 漢陶芸

アッキ
□ **악기** 楽器 漢楽器

ヨングク
□ **연극** 演劇 漢演劇

トクソ
□ **독서** 読書 漢読書

ソソル
□ **소설** 小説 漢小説

シ
□ **시** 詩 漢詩

チャプチ
□ **잡지** 雑誌 漢雑誌

マナ
□ **만화** マンガ 漢漫画

外来語が多いですが、日本語と違う表現もあります

スマホ・SNS

名詞

□ **スマ트 폰** スマホ
_{スマトゥ ボン}

_{セロウン スマトゥ ボヌル サッソヨ}
새로운 스마트 폰을 샀어요.
新しいスマホを買いました。

_{ハルモニド スマトゥ ボヌル ッスセヨ}
할머니도 스마트 폰을 쓰세요.
おばあさんもスマホを使っていらっしゃいます。

□ **문자** メール 漢 文字
_{ムンチャ}

_{ムンチャロ チュソルル ボネジュセヨ}
문자로 주소를 보내주세요.
メールで住所を送ってください。

_{ナムジャチングエゲ ハルエ ヨル ボン ムンチャルル ボネヨ}
남자친구에게 하루에 10 번 문자를 보내요.
ボーイフレンドに1日10回メールを送ります。

派 **얼굴문자** 絵文字／顔文字
_{オルグルムンチャ}

□ **진동** マナーモード 漢 振動
_{チンドン}

_{チンドンモドゥロ バックォ ジュセヨ}
진동모드로 바꿔 주세요. マナーモードにしてください。

ファッション

ショッピング

趣味・スポーツ

スマホ・SNS

パソコン

動詞

□ **전화하다** 電話する ㊍전화電話
チョンファハダ/チョナハダ

방문하기 전에 전화해주세요.
パンムナギ　　ジョネ　　チョナヘジュセヨ
訪問する前に電話してください。

類 **전화걸다** 電話 (を) かける
チョナコルダ

매일 여자친구에게 전화걸어요.
メイル　ヨジャチングエゲ　　チョナコロヨ
毎日ガールフレンドに電話をかけます。

□ **전화 받다** 電話 (を) 受ける
チョナ　パッタ

회의 중이므로 전화 받을 수 없어요.
フェイ　チュンイムロ　　チョナ　パドゥル　ス　オプソヨ
会議中なので電話 (を) 受けられません。

派 **전화 끊다** 電話 (を) 切る
チョナ　クッタ

전화 끊고 공부해라. 電話 (を) 切って勉強しなさい。
チョナ　クンコ　コンブヘラ

□ **충전하다** 充電する ㊍충전充電
チュンジョナダ

카페에서 충전할 수 있어요. カフェで充電できます。
カペエソ　　チュンジョナル　ス　イッソヨ

派 **충전기** 充電器 ㊍充電器
チュンジョンギ

□ **영상통화를 하다**
ヨンサントンファルル　ハダ
ビデオ通話をする ㊍영상통화映像通話

외국에 있는 친구랑 영상통화를 했어요.
ウェグゲ　　インヌン　チングラン　　ヨンサントンファルル　ヘッソヨ
外国にいる友人とビデオ通話をしました。

□ **업데이트하다** _{オプデイトゥハダ} アップデートする

앱을 업데이트하세요.
_{エブル オプデイトゥハセヨ}
アプリをアップデートしてください。

＊ 앱は애플리케이션 (アプリケーション) の略語

● 名詞

□ **전화번호** _{チョナボノ}
電話番号 漢電話番号

□ **이모티콘** _{イモティコン}
スタンプ

□ **배경화면** _{ペギョンファミョン}
待ち受け 漢背景画面

□ **벨소리** _{ベルソリ} 着信音

□ **착신거부** _{チャクシンコブ}
着信拒否
漢착신거부着信拒否

□ **부재중전화** _{プジェチュンチョナ}
留守電
漢부재중전화不在中電話

● 動詞

□ **답장을 보내다** _{タプチャンウル ポネダ}
返事を送る 漢답장答状

□ **답장을 받다** _{タプチャンウル パッタ}
返事を受け取る

□ **첨부하다** _{チョムプハダ}
添付する 漢첨부添付

□ **전송하다** _{チョンソンハダ}
転送する 漢전송転送

パソコンやインターネットで使う単語を勉強します

パソコン

名詞

□ **메일주소** メールアドレス 漢主所住所
メイルジュソ

제 메일주소는 12○○@korea.com 입니다.
チェ メイルジュソヌン　　イルイ○○コルベンイコリアダッコミムニダ
私のメールアドレスは 12 ○○@ korea.com です。

派 **메일을 보내다** メールを送る
メイルル　ポネダ

친구에게 메일을 보냈어요. 友人にメールを送りました。
チングエゲ　メイルル　ポネッソヨ

動詞

□ **검색하다** 検索する 漢検索検索
コムセッカダ

유명한 가게를 검색해서 찾아보았어요.
ユミョンハン カゲルル　コムセッケソ　チャジャボアッソヨ
有名な店を検索して見つけました。

□ **즐겨찾기에 추가하다**
チュルギョチャッキエ　　チュガハダ

お気に入りに追加する 漢追加追加

홈페이지를 즐겨찾기에 추가합니다.
ホムペイジルル　　チュルギョチャッキエ　チュガハムニダ
ホームページをお気に入りに追加します。

派 **책갈피** ブックマーク/(本の)しおり
チェクカルピ

□ **인쇄하다** 印刷する 漢 인쇄印刷

지도를 인쇄해서 가지고 있어요. 地図を印刷して持っています。

□ **저장하다**

(パソコンやスマホでデータを) 保存する 漢 저장貯蔵

리포트를 저장합니다. レポートを保存します。

□ **복사하다** コピーする 漢 복사複写

이 그림을 복사할 수 있어요?

この絵をコピーできますか？

反 **붙여넣다** ペーストする

그대로 복사 붙여넣기하면 안 됩니다.

そのままコピペしてはだめです。

□ **삭제하다** 削除する 漢 삭제削除

그 파일은 삭제해 주세요.

そのファイルは削除してください。

□ **전원을 켜다** 電源を入れる 漢 전원電源

아침 출근하면 먼저 전원을 켜 주세요.

朝出勤したらまず電源を入れてください。

派 **전원을 끄다** 電源を切る

124

これも
覚えよう

● 名詞

□ **태블릿** タブレット
テブルリッ

□ **옥션** オークション
オクション

□ **참조** CC 漢参照
チャムジョ

□ **숨은 참조**
スムン　チャムジョ
BCC 漢参照参照

□ **스팸메일**
スペムメイル
スパム

□ **어카운트／회원가입**
オカウントゥ　　　　フェウォンカイプ
アカウント 漢会員加入

□ **악플금지**
アクプルクムチ
悪リプライ(誹謗中傷)禁止 漢악悪 금지禁止

● 動詞

□ **출품하다** 出品する 漢출품出品
チュルプマダ

□ **입찰하다** 入札する 漢입찰入札
イプチャラダ

□ **낙찰하다** 落札する 漢낙찰落札
ナクチャラダ

□ **전자결제하다**
ジョンジャキョルチェハダ
電子決済する 漢전자결제電子決済

ファッション

ショッピング

趣味・スポーツ

スマホ・SNS

パソコン

メールやＳＮＳで使える
顔文字・略語

韓国人がSNSの書き込みでよく使う顔文字や略語を紹介します。
ハングルを使った独特の顔文字を이모티콘（イモティコン）といいます。
emotion（感情）とicon（アイコン）を合わせた造語です。
韓国人のSNSに書き込むときに使ってみましょう。

★ ハングルで顔を表現している文字

泣く	ㅠ_ㅠ ㅜㅁㅜ
怒り	ㅅ_ㅅ ㅋ_ㅋ
無表情	ㅎ_ㅎ

★ 母音などを省略している文字

略語	元の言葉	意味
ㅋㅋㅋ	ㅋㅋㅋ（ククク）	笑笑笑
ㅎㅎㅎ	하하하（ハハハ）／호호호（ホホホ）	はははは
ㄱㅅ	감사합니다（カムサハムニダ）	ありがとうございます
ㄷㄷㄷ	덜덜덜（ドルドルドル）	体がふるえる様子
ㅇㄷ	어디（オディ）	どこ？
ㅅㄱ	수고（スゴ）	お疲れ様
ㅂㅂ	바이바이（バイバイ）	バイバイ
ㅇㅇ	응응（ウンウン）	うんうん
ㅇㅋ	오케이（オケイ）	オッケー
ㅈㅅ	죄송（チェソン）	すみません
ㅁㅇ	미안（ミアン）	ごめん
ㅉㅉㅉ	쯧쯧（ッチュッチュッ）	舌を鳴らす音
ㅊㅋ	축하（チュッカ）	おめでとう

社会生活

Track 30 ～ 35

現地で働いたり、留学、生活したりするのに
必須の単語を勉強します。
覚えた単語を使って
ソウルの入り組んだ路地を歩いてみましょう。

UNIT 1

Track 30

学校生活に必要な単語を勉強します

学校・1 幼稚園〜高校

名詞

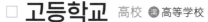

コドゥンハッキョ
고등학교　高校　澳 高等学校

コドゥンハッキョ　シジョリ　クリウォヨ
고등학교 시절이 그리워요.
高校時代が懐かしいです。　澳 시절時節

チョドゥンハッキョ
派 **초등학교**　小学校　漢 初等学校

チュンハッキョ
중학교　中学校　漢 中学校

チョドゥンハッキョワ　チュンハッキョ ッテヌン　キガ　メウ　チャガッソヨ
초등학교와 중학교 때는 키가 매우 작았어요.
小学校と中学校のときは背がとても低かったです。

　＊ 直訳は「背が小さかったです」

ポユグォン
□ 보육원　保育園　漢 保育園

アッチメ　ポユグォネ　アイルル　マッキゴ　チュルグネヨ
아침에 보육원에 아이를 맡기고 출근해요.
朝に保育園に子どもを預けて出勤します。

ユチウォン
派 **유치원**　幼稚園　漢 幼稚園

ユチウォヌン　タソッサルブトイルゴプサレ　アイドゥリ　タニョヨ
유치원은 5살부터 7살의　아이들이 다녀요.
幼稚園は5〜7歳の子どもたちが通っています。

　＊ 韓国では年齢は数え年。
　　生まれたときに1歳、年が明けるとプラス1歳になる

動詞

□ **공부하다** 勉強する 漢 공부工夫
コンブハダ

한국어를 열심히 공부해요.
ハングゴルル　　ヨルシミ　　コンプヘヨ

韓国語を一生懸命勉強しています。 漢 한국어韓国語

한국말을 공부한 지 1년이 됐어요.
ハングンマルル　　コンプハン　ジ　イルリョニ　テッソヨ

韓国語を勉強してから1年になります。

＊ 한국말 (韓国の言葉)

派 **배우다** 習う／学ぶ
ベウダ

요즘 태권도를 배우고 있어요.
ヨジュム　テクォンドルル　　ベウゴ　　イッソヨ

最近テコンドーを習っています。

□ **입학하다** 入学する 漢 입학入学
イッパッカダ

한국에서는 3월 2일에 입학해요.
ハングゲソヌン　　サムウォル　イイレ　　イッパッケヨ

韓国では3月2日に入学します。

反 **졸업하다** 卒業する 漢 졸업卒業
チョロッパダ

2월에 졸업하면 성인이 됩니다.
イウォレ　チョロッパミョン　ソンイニ　テムニダ

2月に卒業したら成人します。

대학교를 졸업하기전에 군대에 갑니다.
テハッキョルル　チョロッパギジョネ　グンデエ　カムニダ

大学を卒業する前に軍隊に行きます。

ハプキョッカダ
□ **합격하다** 合格する 漢 합격合格

ユミョンハン テハッキョエ ハプキョッケッソヨ
유명한 대학교에 합격했어요. 有名な大学に合格しました。

ットロジダ
反 **떨어지다** 落ちる

イルチマンエ ハッキョエ ットロジョッソヨ
1지망의 학교에 떨어졌어요. 第一志望の学校に落ちました。

スクチェハダ
□ **숙제하다** 宿題する 漢 숙제宿題

モギョッカン フエ スクチェルル ヘヨ
목욕한 후에 숙제를 해요. 入浴した後に宿題をします。

スクチェハギ シロヨ
숙제하기 싫어요. 宿題やりたくありません。

チュルソッカダ
□ **출석하다** 出席する 漢 출석出席

ネイル スオプン ジョルデ チュルソッケヤ ハムニダ
내일 수업은 절대 출석해야 합니다.
明日の授業は絶対に出席しなくてはなりません。

キョルソッカダ
反 **결석하다** 欠席する 漢 결석欠席

オヌル スオプン キョルソッカゲッスムニダ
오늘 수업은 결석하겠습니다. 今日の授業は欠席いたします。

チガッカダ
□ **지각하다** 遅刻する 漢 지각遅刻

ジョンチョル サゴッテムネ チガッケッソヨ
전철 사고때문에 지각했어요.
電車の事故のせいで遅刻しました。

チョテハダ
派 **조퇴하다** 早退する 漢 조퇴早退

モミ アッパソ チョテヘッソヨ
몸이 아파서 조퇴했어요. 具合が悪くて早退しました。

これも覚えよう

名詞

ヨルムパンハク
□ **여름방학** 夏休み 漢 방학放学
＊ 韓国の夏休みは短い

キョウルパンハク
□ **겨울방학** 冬休み
＊ 冬休みが長い

ソップン
□ **소풍** 遠足

ハクチョム
□ **학점** 単位 漢 学点

ソンジョクピョ
□ **성적표** 成績表 漢 成績表

クヮウェ
□ **과외** 家庭教師 漢 課外

ハグォン
□ **학원** 塾 漢 学院

イプシハグォン
□ **입시학원** 予備校 漢 入試学院

チグォンシル
□ **직원실** 職員室 漢 職員室

キョジャンシル
□ **교장실** 校長室 漢 校長室

チェユックヮン
□ **체육관** 体育館 漢 体育館

ウンドンジャン
□ **운동장** 運動場 漢 運動場

形容詞

オリョプタ
□ **어렵다** 難しい

ハングゴヌン オリョプスムニダ
한국어는 어렵습니다. 韓国語は難しいです。

スィプタ
□ **쉽다** やさしい

大学に関する単語を勉強します

学校・2 大学

名詞

□ **대학교** 大学 _漢大学校
テハッキョ

대학교를 졸업하고 유학갔어요.
テハッキョルル　チョロッパゴ　ユハクカッソヨ

大学を卒業して留学しました。

派 **대학원** 大学院 漢大学院
テハグォン

대학원에서 무엇을 연구합니까?
テハグォネソ　ムオスル　ヨングハムニッカ

大学院でなにを研究していますか?

□ **동아리** 部活動
トンアリ

친구들과 동아리를 이루었어요.
チングドゥルクァ　トンアリルル　イルオッソヨ

友だちと部活動をやり遂げました。

□ **학교 축제** 学園祭 漢学校祝祭
ハッキョ　チュクチェ

학교 축제가 열렸어요.
ハッキョ　チュクチェガ　ヨルリョッソヨ

学園祭が開かれました。

□ **기말고사** 期末試験 漢期末考査
キマルコサ

기말고사 끝나면 종강파티 하자!
キマルコサ　ックンナミョン　チョンガンパティ　ハジャ

期末試験終わったら打ち上げ(終講パーティ)しよう!

派 **중간고사** 中間試験 漢中間考査
チュンガンコサ

動詞

□ **수업을 받다** 授業を受ける 漢 수업授業

　スオブル　パンヌン　トジュン　チャムトゥロッソヨ
수업을 받는 도중 잠들었어요. 授業中に寝入ってしまいました。

類 **강의** 講義 漢 講義

派 **수업을 빠지다** 授業をさぼる

　スオブル　ッパジミョン　アン　デヨ
수업을 빠지면 안 돼요. 授業をさぼっちゃいけません。

□ **시험을 치다** 試験を受ける 漢 시험試験

　スオプ　トジュン　カプチャギ　シホムル　チョッソヨ
수업 도중 갑자기 시험을 쳤어요.
授業の途中突然試験を受けました。

類 **시험을 보다** 試験を受ける

＊ 口語でよく使われる表現

　ハングゴ　ヌンニョク　シホムル　ボァヨ
한국어 능력 시험을 봐요. 韓国語能力試験を受けます。

□ **질문하다** 質問する 漢 질문質問

　チルムナミョン　テダッペ　ジュルッケヨ
질문하면 대답해 줄게요. 質問すれば答えます。

□ **장학금을 받다** 奨学金をもらう 漢 장학금奨学金

　タウム　ハッキブト　チャンハックムル　バダヨ
다음 학기부터 장학금을 받아요.
来期から奨学金をもらいます。

□ **리포트를 제출하다**
_{リポトゥルル} _{チェチュラダ}

レポートを提出する 漢 제출提出

다음 주 월요일까지 리포트를 제출해야 해요.
_{タウム} _{チュ} _{ウォリョイルッカジ} _{リポトゥルル} _{チェチュレヤ} _{ヘヨ}

来週月曜日までにレポートを提出しなければなりません。

類 **보고서**
_{ポゴソ}
報告書 漢 報告書

● **名詞**

□ **교수님**
_{キョスニム}
教授 漢 교수教授

□ **재수생**
_{チェスセン}
浪人生 漢 再修生

□ **성적** 成績 漢 成績
_{ソンジョク}

□ **어학** 語学 漢 語学
_{オハク}

□ **전공** 専攻 漢 専攻
_{ジョンゴン}

□ **인문학과**
_{インムンハックヮ}
人文学科 漢 人文学科

□ **사회학과**
_{サフェハックヮ}
社会学科 漢 社会学科

□ **자연학과**
_{ジャヨンハックヮ}
自然学科 漢 自然学科

□ **경제학**
_{キョンジェハク}
経済学 漢 経済学

□ **법학** 法学 漢 法学
_{ポッパク}

□ **정치학**
_{ジョンチハク}
政治学 漢 政治学

□ **역사학**
_{ヨクサハク}
歴史学 漢 歴史学

ビジネスライフ

名詞

□ **회사원** フェサウォン　会社員　㊂会社員

アボジヌン　フェサウォニシムニダ
아버지는 회사원이십니다.　お父さんは会社員でいらっしゃいます。

＊ 韓国では両親に対して敬語を使う人が多い

□ **공무원** コンムウォン　公務員　㊂公務員

コンムウォニ　テギ　ウィヘ　ジュンビハゴ　イッソヨ
공무원이 되기 위해 준비하고 있어요.
公務員になるために準備しています。

＊ 職業に関する単語は漢字語が多いのが特徴

□ **학생** ハクセン　学生　㊂学生

ハクセンイミョン　ハリヌル　パドゥル　ス　イッソヨ
학생이면 할인을 받을 수 있어요.
学生ならば割引を受けられます。

□ **주부** チュブ　主婦　㊂主婦

オモニヌン　チュブセヨ
어머니는 주부세요.　お母さんは主婦です。

カジョンチュブ
㊘ **가정주부** 専業主婦　㊂家庭 (の) 主婦

チェグン　カジョンチュブガ　チュリョッソヨ
최근 가정주부가 줄었어요.　最近専業主婦が減りました。

□ **사무원** <ruby>サムウォン</ruby> 事務員 漢 事務員

회사에 사무원이 몇 명입니까?
<ruby>フェサエ</ruby> <ruby>サムウォニ</ruby> <ruby>ミョン</ruby> <ruby>ミョンイムニッカ</ruby>

会社に事務員は（が）何人いますか？

＊ 直訳は「何人ですか?」

□ **백수** <ruby>ペクス</ruby> 無職／フリーター 漢 白手

우리 오빠는 백수예요. 私の兄はフリーターです。
<ruby>ウリ</ruby> <ruby>オッパヌン</ruby> <ruby>ペクスエヨ</ruby>

직업 <ruby>チゴプ</ruby> 職業

회사원 <ruby>フェサウォン</ruby> 会社員

교사 <ruby>キョサ</ruby> 教師

학생 <ruby>ハクセン</ruby> 学生

사무원 <ruby>サムウォン</ruby> 事務員

○×학원

주부 <ruby>チュブ</ruby> 主婦

운전기사 <ruby>ウンジョンキサ</ruby> 運転士

백수 <ruby>ペクス</ruby> フリーター

기자 <ruby>キジャ</ruby> 記者

136

動詞

チュィジッカダ
□ **취직하다** 就職する ㋐취직就職

テハグル　チョロッパゴ　フェサエ　チュィジッケヨ
대학을 졸업하고 회사에 취직해요.
大学を卒業して会社に就職します。

テジッカダ
㋫ **퇴직하다** 退職する ㋐퇴직退職

タニドン　フェサルル　テジッケッソヨ
다니던 회사를 퇴직했어요. 通っていた会社を退職しました。

クンムハダ
□ **근무하다** 勤務する ㋐근무勤務

オッパヌン　カジョンチェプム　フェサエ　クンムハゴ　イッソヨ
오빠는 가전제품 회사에 근무하고 있어요.
兄は家電製品会社に勤務しています。

イラダ
㋞ **일하다** 働く/仕事する

オンニヌン　ムヨク　フェサエソ　イレヨ
언니는 무역 회사에서 일해요.
姉は貿易会社で働いています。

ヨンオッパダ
□ **영업하다** 営業する ㋐영업営業

ボホムル　ヨンオッパヌン　サラミ　パンムネッソヨ
보험을 영업하는 사람이 방문했어요.
保険の営業をしている（保険を営業している）人が訪ねてきました。

パルダ
㋠ **팔다** 売る

シンチェプムル　パルギ　ウィヘ　ノリョッケヨ
신제품을 팔기 위해 노력해요.
新製品を売るために努力しています。

これも覚えよう

● 名詞

□ **교사** キョサ 教師 漢教師

□ **변호사** ピョノサ 弁護士 漢弁護士

□ **건축사** コンチュクサ 建築士 漢建築士

□ **회계사** フェゲサ 会計士 漢会計士

□ **운전기사** ウンジョンキサ 運転士 漢運転技師

□ **기자** キジャ 記者 漢記者

□ **비서** ピソ 秘書 漢秘書

□ **휴가** ヒュガ 休暇 漢休暇

□ **월급** ウォルグプ 月給 漢月給

□ **건강보험** コンガンポホム 健康保険 漢健康保険

□ **점심시간** チョムシムシガン ランチタイム 漢点心時間

● 動詞

□ **출장하다** チュルチャンハダ 出張する 漢出張出張

　＊ 口語では**출장가다**（チュルチャンカダ 出張に行く）がよく使われる

□ **전근하다** ジョングナダ 転勤する 漢転勤転勤

　＊ お世話になった人には、
　　 전근선물（ジョングンソンムル 転勤の贈り物）を贈る

UNIT
4

Track 33

韓国フードを楽しめる単語を勉強します

食堂・韓国料理

名詞

□ **분식점** プンシクジョム　大衆食堂　覆粉食店

＊ おもに粉ものを提供する食堂

분식점에서 밥을 먹고 가요.
プンシクジョメソ　バブル　モッコ　カヨ

大衆食堂で
ご飯を食べて行きます。

派 **분식** ブンシク　うどんやキンパなどの粉もの

나는 분식 중에서 떡볶이를 가장 좋아해.
ナヌン　ブンシク　ジュンエソ　ットッポッキルル　カジャン　チョアヘ

わたしは粉ものの中でトッポギが一番好き。

□ **전문점** チョンムンジョム　専門店　覆専門店

마카롱 전문점에서 다양한 마카롱을 샀어요.
マカロン　チョンムンジョメソ　タヤンハン　マカロンウル　サッソヨ

マカロン専門店でいろいろなマカロンを買いました。

□ **여기요.** ヨギヨ　すみません（ここです）。

＊ 店員を呼ぶときに使うフレーズ。基本形は여기 (ヨギ ここ)

여기요. 주문하고 싶어요.
ヨギヨ　チュムナゴ　シッポヨ

すみません。
注文したいんですが。

여기요. 김치 좀 더 주세요.
ヨギヨ　キムチ　チョム　ト　ジュセヨ

すみません。キムチお代わりください。

＊ 直訳は「キムチをもう少しください」
　韓国の副菜はお代わり自由

□ **○인분** _{インブン} ○人分 漢 人分

＊ ○人分のときは漢数字を使う

닭갈비 이인분 주세요. _{タッカルビ イインブン ジュセヨ} 鶏カルビ2人分ください。

＊ 焼肉や鍋料理を頼むときには、「〜人分」と言って注文する

動詞

□ **주문하다** _{チュムナダ} 注文する 漢 주문注文

카페에 가서 커피를 주문해요. _{カペエ カソ コピルル チュムネヨ} カフェに行って コーヒーを注文します。

□ **주다** _{チュダ} もらう/あげる

＊「もらう」「あげる」というふたつの意味がある

친구에게 생일 선물을 줍니다. _{チングエゲ センイル ソンムルル ジュムニダ} 友人に誕生日の プレゼントをあげます。

派 **주세요** _{ジュセヨ} 〜ください

아이스커피 한 잔 주세요. _{アイスコピ ハン ジャン ジュセヨ} アイスコーヒー1杯ください。

떡볶이 하나 주세요. _{ットクポッキ ハナ ジュセヨ} トッポギひとつください。

＊ 助数詞が思い出せないときは、固有数字を言えば伝わる

□ **계산하다** _{ケサナダ} 会計する 漢 계산計算

신용카드로 계산해 주세요. _{シニョン カドゥロ ケサネ ジュセヨ} クレジットカードで 会計してください。

● 名詞

메뉴판 メニューパン
メニュー 漢 판板

일본어 메뉴판 イルボノ メニュパン
日本語メニュー

주스 ジュス
ジュース

막걸리 マッコルリ
マッコリ

맥주 メクチュ
ビール 漢 麦酒

생맥주 センメクチュ
生ビール 漢 生麦酒

물 ムル
水

생수 センス
ミネラルウォーター
漢 生水

소주 ソジュ
焼酎 漢 焼酎

파전 パジョン
パジョン

　＊ 韓国風お好み焼き

잡채 チャプチェ
春雨炒め 漢 雑菜

　＊ いろいろな野菜が
　　入っているという意味

양념갈비 ヤンニョムカルビ
味付けカルビ

삼겹살 サムギョプサル
サムギョプサル 漢 三三

부대찌개 プデッチゲ
部隊チゲ 漢 部隊部隊

　＊ スパムやソーセージ、
　　ラーメンなどが入った鍋

김치찌개 キムチッチゲ
キムチチゲ

学校・1

学校・2

ビジネスライフ

食堂・韓国料理

交通

建物・街並

サムゲタン
□ **삼계탕**
サムゲタン
参鶏湯　漢 参鶏湯

> ＊ 若鶏をやわらかく
> 煮込んだ滋養強壮に
> よい鍋。辛い料理が
> 苦手な人向け

タッカンマリ
□ **닭한마리**
鶏煮込み鍋

> ＊ 参鶏湯と違いスープが
> すんでいるのが特徴

ピビムネンミョン
□ **비빔냉면**
ビビン冷麺　漢 냉면冷麺

ムルレンミョン
□ **물냉면**　ムル冷麺

● 形容詞

マシ　　イサンハダ
□ **맛이 이상하다**
味がおかしい（変な味）　漢 이상異常

● 存在詞

マシッタ
□ **맛있다**　おいしい

ッチャムッポン
□ **짬뽕**　チャンポン

> ＊ 韓国ふうは
> 辛く味つけしてある

ピビムパプ
□ **비빔밥**　ビビンバ

チュク
□ **죽**　おかゆ　漢 粥

チェユクトッパプ
□ **제육덮밥**
豚丼　漢 肉육

> ＊ 丼ではなくお皿の上に
> ご飯と肉炒めが
> 盛られている

UNIT 5

交通や乗り物に関する単語を勉強します

交通

Track 34

名詞

ヨク
□ **역** 駅 ㊐駅

カッカウン　ヨグン　ムスン　ヨギエヨ
가까운 역은 무슨 역이에요? 近い駅は何駅ですか?

チハチョル
□ **지하철** 地下鉄 ㊐地下鉄

チベソ　ハッキョッカジ　チハチョル　ロ　　シップン　コルリョヨ
집에서 학교까지 지하철로 10분 걸려요.
家から学校まで地下鉄で10分かかります。

ホソン
㊫ **호선** 号線 ㊐号線

イホソヌル　　タミョン　ホンデイブックヨゲ　　カル　ス　イッソヨ
2호선을 타면 홍대입구역에 갈 수 있어요.
2号線に乗れば弘大入り口駅まで行けます。

＊ 韓国の地下鉄には、すべて番号がふってあるので覚えやすい。
　弘大は弘益大学校のこと

リムジンボス
□ **리무진버스** リムジンバス

コンハンエソ　　リムジンボスルル　　タゴ　ホテレ　　カヨ
공항에서 리무진버스를 타고 호텔에 가요.
空港でリムジンバスに乗ってホテルに行きます。

ボスジョンニュジャン
㊫ **버스정류장** バス停留所 ㊐정류장停留場

ボスジョンニュジャンエ　ボス　シガンビョガ　イッソヨ
버스정류장에 버스 시간표가 있어요.
バス停にバスの時刻表があります。

□ **표** ^{ピョ} 切符/チケット 漢 票

지하철 표는 어디에서 사요?
チハチョル ピョヌン オディエソ サヨ
地下鉄の切符はどこで買いますか?

표를 잃어버렸어요. 切符を失くしてしまいました。
ピョルル イロボリョッソヨ

派 **판매기** ^{パンメギ} 販売機 漢 販売機

판매기는 왼쪽에 있습니다. 販売機は左側にあります。
パンメギヌン ウェンッチョゲ イッスムニダ

派 **충전하다** ^{チュンジョナダ} チャージする 漢 충전充塡

교통카드를 10,000원 충전합니다.
キョトンカドゥルル マノン チュンジョンハムニダ
交通カードを10,000ウォンチャージします。

□ **택시** ^{テクシ} タクシー

택시를 타면 편리해요. タクシーに乗ると便利です。
テクシルル タミョン ピョルリヘヨ

시내버스보다 택시가 빨라요.
シネボスボダ テクシガ ッパルラヨ
市内バスよりタクシーが速いです。

派 **모범택시** ^{モボムテクシ} 模範タクシー 漢 모범模範

＊ 料金は少し高いが安全な黒いタクシー

派 **일반택시** ^{イルバンテクシ} 一般タクシー 漢 일반一般

＊ 料金が安いタクシー

144

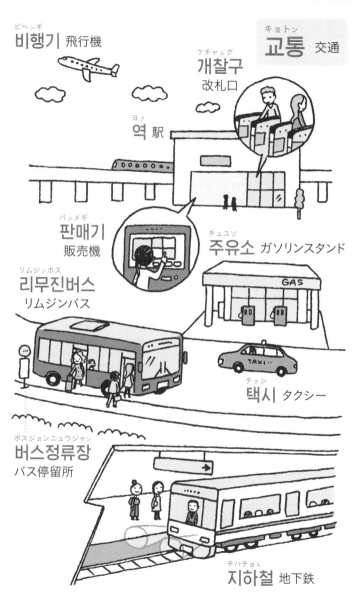

ビヘンギ
비행기 飛行機

キョトン
교통 交通

ケチャルグ
개찰구
改札口

ヨク
역 駅

パンメギ
판매기
販売機

チュユソ
주유소 ガソリンスタンド

リムジンボス
리무진버스
リムジンバス

GAS

テクシ
택시 タクシー

ポスジョンニュジャン
버스정류장
バス停留所

チハチョル
지하철 地下鉄

学校・1

学校・2

ビジネスライフ

食堂・韓国料理

交通

建物・街並

〈 BASIC 1000 〉 第6章 ● 社会生活 | 145

□ **타^{タダ}다** 乗る

전철을 타고 대학교에 가요.
^{ジョンチョルル} ^{タゴ} ^{テハッキョエ} ^{カヨ}
電車に乗って大学に行きます。

派 **갈^{カラタダ}아타다** 乗り換える

강남역에서 2호선에서 9호선으로 갈아탑니다.
^{カンナムヨゲソ} ^{イホソネソ} ^{クホソヌロ} ^{カラタムニダ}
江南駅で2号線から9号線に乗り換えます。

＊ 에서には、「(場所・方向)～で」と「(場所・方向)～から」
という2つの意味がある

□ **내^{ネリダ}리다** 降りる

이번 역에서 내립니다. この駅で降ります。
^{イボン} ^{ヨゲソ} ^{ネリムニダ}

어디서 내리면 되나요? どこで降りればいいですか？
^{オディソ} ^{ネリミョン} ^{テナヨ}

＊ 目的地を運転手に見せながら、このフレーズを使ってみよう

□ **세^{セウダ}우다** 止まる

여기서 세워 주세요. ここで止まってください。
^{ヨギソ} ^{セウォ} ^{ジュセヨ}

＊ タクシー運転手にお願いするときに使うフレーズ

146

これも覚えよう

● 名詞

□ **일회용 교통카드**
_{イレヨン　キョトンカドゥ}

1回分交通カード 漢 1回用交通

＊ 1回分の切符にもプラスティックカードが使われている

일회용 교통카드는 충전할 수 없어요.
_{イレヨン　キョトンカドゥヌン　チュンジョナルス　オプソヨ}

1回分交通カードはチャージできません。

□ **보증금 환불기**
_{ポジュングム　ファンブルギ}

保証金返金機 漢 保証金還払機

＊ 1回分交通カードは、改札口の外にある
　保証金返金機に入れると、保証金が戻ってくる

교통카드를 보증금 환불기에 넣으세요.
_{キョトンカドゥルル　ポジュングム　ファンブルギエ　ノウセヨ}

交通カードを保証金変換機に入れてください。

□ **개찰구**
_{ケチャルグ}

改札口 漢 改札口

□ **좌석** 座席 漢 座席
_{チャソク}

□ **비행기**
_{ピヘンギ}

飛行機 漢 飛行機

□ **국제선**
_{クッチェソン}

国際線 漢 国際線

派 **국내선**
_{クンネソン}

国内線 漢 国内線

□ **배** 船
_ペ

□ **고속선**
コソクソン
高速船 ^漢高速船

□ **주유소**
チュユソ
ガソリンスタンド
^漢注油所

● **動詞**

□ **운전하다** 運転する ^漢運転運転
ウンジョナダ

저는 운전할 수 있어요. 私は運転できます。
チョヌン ウンジョナル ス イッソヨ

^派**운전면허증** 運転免許証 ^漢運転免許証
ウンジョンミョノジュン

운전면허증이 없어요. 運転免許証がありません。
ウンジョンミョノジュンイ オプソヨ

□ **~까지 가 주세요** ~まで行ってください
ッカジ カ ジュセヨ

김포공항까지 가 주세요.
キムポコンハンッカジ カ ジュセヨ
金浦空港まで行ってください。

148

街並みの単語を覚えて、道行く人にたずねてみましょう

建物・街並

名詞

ピョニジョム
□ **편의점** コンビニ ㊿便宜店

ピョニジョメソ　　トシラグル　　サッソヨ
편의점에서 도시락을 샀어요.
コンビニで弁当を買いました。

ペックヮジョム
□ **백화점** デパート ㊿百貨店

ペックヮジョミ　　バゲンセイルル　　ヘヨ
백화점이 바겐세일을 해요.
デパートがバーゲンセールをしています。

サンガ
□ **상가** 商店街 ㊿商街

サンガエ　　マシンヌン　　ウムシクジョミ　　イッソヨ
상가에 맛있는 음식점이 있어요.
商店街においしい食べ物屋があります。 ㊿음식점飲食店

サンガエ　　タンゴルチビ　　イッソヨ
상가에 단골집이 있어요.
商店街に行きつけの店があります。

コンノピョン
□ **건너편** 向こう側

ク　カゲヌン　　コンノピョネ　　イッソヨ
그 가게는 건너편에 있어요.
その店は向こう側にあります。

□ **앞** （アプ） 前

역 앞에 사람이 많이 있어요. （ヨ ガッペ サラミ マニ イッソヨ）　駅前に
人がたくさんいます。

反 **뒤** （トゥィ） 後ろ

백화점 뒤에 있는 작은 가게입니다. （ペックァジョム トゥィエ インヌン チャグン カゲイムニダ）
デパートの後ろにある小さい店です。

□ **옆** （ヨプ） 横

공원 옆에 학교가 있어요. （コンウォン ヨッペ ハッキョガ イッソヨ）　公園の横に学校があります。

□ **맞은 편** （マジュン ピョン） 向かい側

2번 출구 맞은 편에 있는 건물이에요. （イボン チュルグ マジュン ピョネ インヌン コンムリエヨ）
2番出口の向かい側にある建物です。

□ **왼쪽** （ウェンッチョク） 左側

영화관 왼쪽에 카페가 있어요. （ヨンファクァン ウェンッチョゲ カペガ イッソヨ）　映画館の左側に
カフェがあります。

反 **오른쪽** （オルンッチョク） 右側

미술관 오른쪽에 레스토랑이 있어요. （ミスルクァン オルンッチョゲ レストランイ イッソヨ）
美術館の右側にレストランがあります。

```
これも
覚えよう
```

● 名詞

□ **여기** _{ヨギ} ここ

□ **거기** _{コギ} そこ

□ **저기** _{チョギ} あそこ

□ **바로** _{パロ} まっすぐ

□ **쭉** _{ッチュク} まっすぐ／一直線に

□ **모퉁이** _{モトゥイ} 角

□ **신호** _{シノ} 信号 漢信号

□ **사거리** _{サゴリ}
四つ角 漢四

□ **파출소** _{パチュルソ}
派出所 漢派出所

□ **은행** _{ウネン} 銀行 漢銀行

□ **빵집** _{ッパンチプ} パン屋

□ **슈퍼** _{シュポ} スーパー

□ **마트** _{マトゥ} マート

　＊ 大型の商業施設は
　　マートという

□ **쇼핑몰** _{ショピンモル}
ショッピングモール

□ **서점** _{ソジョム} 書店 漢書店

□ **책방** _{チェクパン} 本屋 漢冊房

学校・1

学校・2

ビジネスライフ

食堂・韓国料理

交通

建物・街並

● 動詞

□ **돌다** _{トルダ} 回る

□ **찾다** _{チャッタ} 探す

□ **길을 잃다** _{キルル イルタ}
道に迷う

백화점 _{ペックゥジョム} デパート

거리 _{コリ} 街並み

은행 _{ウネン} 銀行

신호 _{シノ} 信号

DEPARTMENT STORE

BANK

파출소 _{パチュルソ} 派出所

편의점 _{ピョニジョム} コンビニ

POLICE

24

서점 _{ソジョム} 書店

BOOK STORE

빵집 _{ッパンチブ} パン屋

슈퍼 _{シュポ} スーパー

SUPERMARKET

第7章

旅行

Track 36 ～ 37

最近ではパッケージツアーを利用せずに
自由旅行を楽しむ人が増えています。
韓国を旅するときに必要な単語を勉強しましょう。

UNIT 1

Track 36

自由旅行を楽しむ人に必要な単語を勉強します

旅行・ホテル

名詞

□ **여권** ヨックォン パスポート 漢 旅券

해외로 여행가기 전에 여권을 만들어요.
フェウェロ / ヨヘンガギ / ジョネ / ヨックォヌル / マンドゥロヨ
海外に旅行に行く前にパスポートを作ります。

여권을 잃어버렸어요. パスポートを失くしてしまいました。
ヨックォヌル / イロボリョッソヨ

類 **패스포트** ベスポトゥ パスポート

패스포트는 케이스를 벗겨주세요.
ベスポトゥヌン / ケイスルル / ボッキョジュセヨ
パスポートはケースを外してください。

□ **수하물** スハムル 手荷物 漢 手荷物

공항에서 수하물을 맡겼어요. 空港で手荷物を
コンハンエソ / スハムルル / マッキョッソヨ 預けました。

派 **기내 수하물** キネ スハムル 機内手荷物 漢 機内手荷物

기내 수하물은 작은 가방만 반입 가능해요.
キネ / スハムルン / チャグン / カバンマン / バニブ / カヌンヘヨ
機内手荷物は小さなカバンだけ搬入可能です。

□ **입국심사** イブッククシムサ 入国審査 漢 入国審査

입국심사에 30분정도 걸렸어요.
イブッククシムサエ / サムシップブンジョンド / コルリョッソヨ
入国審査に30分くらいかかりました。

154

□ **목적지** モクッチョクッチ　目的地　漢 目的地

モクッチョクッチヌン　オディイムニッカ
목적지는　어디입니까? 目的地はどこですか？

派 **도착지** トチャクッチ　到着地　漢 到着地

イ　ビヘンギエ　トチャクッチヌン　ロンドニエヨ
이 비행기의　도착지는　런던이에요.
この飛行機の到着地はロンドンです。

□ **세관** セグヮン　税関　漢 税関

ビッサン　ムルゴヌン　サミョン　セグヮネ　シンゴヘヤ　ハムニダ
비싼 물건을 사면 세관에 신고해야 합니다.
高い物を買ったら税関に申告しなければなりません。

派 **세관신고서** セグヮンシンゴソ　税関申告書　漢 税関申告書

セグヮンシンゴソヌン　イッチョゲ　チェチュレ　ジュセヨ
세관신고서는 이쪽에 제출해 주세요.
税関申告書はこちら側に提出してください。

□ **환전소** ファンジョンソ　両替所　漢 換銭所

ファンジョンソエソ　ベンマノヌル　ファンジョネッソヨ
환전소에서 100만원을 환전했어요.
両替所で100万ウォンを両替しました。

トンデムンシジャンエヌン　ファンジョンソガ　マニ　イッソヨ
동대문시장에는 환전소가 많이 있어요.
東大門市場には両替所がたくさんあります。

□ **면세점** 免税店 湊 免税店
ミョンセジョム

공항에는 다양한 면세점이 있어요.
コンハンエソヌン　タヤンハン　ミョンセジョミ　イッソヨ
空港には色々な免税店があります。

면세점에서 화장품을 살 거예요.
ミョンセジョメソ　ファジャンプムル　サル　コエヨ
免税店で化粧品を買うつもりです。

動詞

□ **출발하다** 出発する 湊 出発出発
チュルバラダ

비행기는 몇 시에 출발해요?
ビヘンギヌン　ミョッ　シエ　チュルバレヨ
飛行機は何時に出発しますか?

나리타를 아침 8 시에 출발해요.
ナリタルル　アッチム　ヨドル　シエ　チュルバレヨ
成田を朝8時に出発します。

호텔을 몇 시에 출발해요?
ホテルル　ミョッ　シエ　チュルバレヨ
ホテルを何時に出発しますか?

反 **도착하다** 到着する 湊 到着到着
トチャッカダ

12 시전에는 서울 시내에 도착해요.
ヨルトゥ　シジョネヌン　ソウル　シネエ　トチャッケヨ
12時前にはソウル市内に到着します。

호텔에는 오후 2 시에 도착해요.
ホテレヌン　オフ　トゥ　シエ　トチャッケヨ
ホテルには午後2時に着きます。

김포공항에 도착했어요. 金浦空港に着きました。
キムポコンハンエ　トチャッケッソヨ

156

これも
覚えよう

旅行・ホテル

旅のトラブル

● **名詞**

□ **1박** イルバク
1泊 漢 1泊

□ **카드키** カドゥキ
カードキー

□ **냉방** ネンバン
冷房 漢 冷房

□ **난방** ナンバン
暖房 漢 暖房

□ **에어컨** エオコン
エアコン

□ **가습기** カスブキ
加湿器 漢 加湿器

□ **룸서비스** ルムソビス
ルームサービス

□ **영수증** ヨンスジュン
領収証 漢 領収証

□ **일본대사관** イルボンテサグヮン
日本大使館 漢 日本大使館

● **動詞**

□ **사진을 찍다** サジヌル ッチクッタ
写真を撮る 漢 사진写真

□ **셔터를 누르다** ショトルル ヌルダ
シャッターを押す

□ **예약하다** イェヤッカダ
予約する 漢 예약予約

□ **묵다** ムクタ
泊まる

□ **체크인하다** チェクイナダ
チェックインする

□ **체크아웃하다** チェクアウッタダ
チェックアウトする

□ **서명하다** ソミョンハダ
サインする 漢 서명署名

UNIT **2**

Track 37

トラブルが起きたときに使う単語を勉強します

旅のトラブル

名詞

□ **도둑** 泥棒
  トドゥク

  ノトゥブグル　トドゥク　マジャッソヨ
  노트북을 도둑 맞았어요.
  ノートパソコンを盗まれました。

  コンハンエソ　トドゥク　マジャッソヨ
  공항에서 도둑 맞았어요. 空港で盗まれました。

□ **소매치기** スリ
  ソメチギ

  ソメチギガ　チガブル　フムチョカッソヨ
  소매치기가 지갑을 훔쳐갔어요.
  スリに財布をすられました。

□ **교통사고** 交通事故　漢 交通事故
  キョトンサゴ

  キョトンサゴルル　タンヘ　イボネッソヨ
  교통사고를 당해 입원했어요.
  交通事故に遭って入院しました。

  キョトンサゴッテムネ　ビヘンギルル　モッ　タッソヨ
  교통사고때문에 비행기를 못 탔어요.
  交通事故のせいで飛行機に乗れませんでした。

158

動詞

クグプチャルル　プルダ
□ **구급차를 부르다**
救急車を呼ぶ　㊌ **구급차**救急車

イルルクエ　チョナヘ　　クグプチャルル　　プルロジュセヨ
119에 전화해 구급차를 불러주세요.
119に電話して救急車を呼んでください。

キョンチャルル　プルダ
□ **경찰을 부르다** 警察を呼ぶ　㊌ **경찰**警察

キョンチャルル　プルリョミョン　　イルルイエ　チョナハムニダ
경찰을 부르려면 112에 전화합니다.
警察を呼ぶには112に電話します。

イロボリダ
□ **잃어버리다** 失くしてしまう

カペエソ　　ヘンドゥポヌル　　イロボリョッソヨ
카페에서 핸드폰을 잃어버렸어요.
カフェで携帯電話を失くしてしまいました。

オディエソ　　イロボリョンヌン　　ジ　　モルゲッソヨ
어디에서 잃어버렸는 지 모르겠어요.
どこで失くしたのかわかりません。

イジョボリダ
㊓ **잊어버리다** 忘れてしまう

ホテル　　ジュソルル　　イジョボリョッソヨ
호텔 주소를 잊어버렸어요.
ホテルの住所を忘れてしまいました。

カゲ　　イルムル　　イジョボリョッソヨ
가게 이름을 잊어버렸어요.
店の名前を忘れてしまいました。

□ **신용카드를 정지시키다**

シニョンカドゥルル　ジョンチシキダ

クレジットカードを停止させる　㊗신용信用 정지停止

신용카드를 정지시켜 주세요.

シニョンカドゥルル　ジョンチシキョ　ジュセヨ

クレジットカードを止めてください。

□ **다치다** ケガする／痛める

タッチダ

다리를 다쳐서 걸을 수 없어요. 足を痛めて歩けません。

タリルル　タッチョソ　コルル　ス　オプソヨ

넘어져서 다쳤어요. 転んでケガしました。

ノモジョソ　タッチョッソヨ

これも覚えよう

● **名詞**

□ **사고증명서**

サゴジュンミョンソ

事故証明書　㊗事故証明書

□ **유실물센터**

ユシルムルセント

遺失物センター／
忘れ物センター
㊗유실물遺失物

□ **치한**

チハン

痴漢　㊗痴漢

□ **사기**

サギ

詐欺　㊗詐欺

□ **항공권**

ハンゴンクォン

航空券　㊗航空券

● **動詞**

□ **고장나다**

コジャンナダ

故障する　㊗고장故障

第 **8** 章

その他のお役立ち 単語

Track 38 ～ 40

もののサイズや色の単語、副詞や指示代名詞などを学びます。
韓国語を話せなくても、
少ない語数で意思を伝えられるので、
覚えておくと便利です。

物のサイズと色に関する単語を勉強します

形・空間・色

名詞

□ **크기** 大きさ
_{クギ}

가방의 크기가 어느 정도입니까?
_{カバンエ クギガ オヌ ジョンドイムニッカ}
カバンの大きさがどのくらいですか?

□ **길이** 長さ
_{キリ}

＊ 길다 (_{キルタ} 長い) を名詞化した単語

치마의 길이가 너무 짧아요.
_{チマエ キリガ ノム ッチャルバヨ}
スカートの長さが短すぎます。

形容詞

□ **헐렁하다** ゆるい
_{ホルロンハダ}

살이 빠져서 바지가 헐렁해요.
_{サリ ッパジョソ バジガ ホルロンヘヨ}
やせてズボンがゆるいです。

反 **끼다** きつい
_{ッキダ}

저에게는 좀 끼어요. 私にはちょっときついです。
_{チョエゲヌン チョム ッキオヨ}

形・空間・色

副詞・指示代名詞

□ **많다** 多い
　マンタ

음식의 양이 너무 많아요. 食べ物の量が多すぎます。
ウムシゲ　ヤンイ　ノム　マナヨ

反 **적다** 少ない
　チョクタ

사람이 적은 곳을 가고 싶어요.
サラミ　チョグン　ゴスル　カゴ　シッポヨ
人が少ないところに行きたいです。

派 **많이** たくさん/多く
　マニ

떡볶이에 치즈를 많이 넣어주세요.
ットポッキエ　チジュルル　マニ　ノオジュセヨ
トッポギにチーズをたくさん入れてください。

□ **짧다** 短い
　ッチャルタ

짧은 치마를 입고 있어요. 短いスカートをはいています。
ッチャルブン　チマルル　イプコ　イッソヨ

反 **길다** 長い
　キルダ

우리 (내) 언니는 머리가 길어요. わたしの姉は髪が長いです。
ウリ　ネ　オンニヌン　モリガ　キロヨ

□ **넓다** 広い
　ノルタ

올림픽 공원은 아주 넓어요. オリンピック公園はとても広いです。
オルリムピク　コンウォヌン　アジュ　ノルボヨ

反 **좁다** 狭い
　チョプタ

내 방은 언니의 방보다 좁아요.
ネ　バンウン　オンニエ　バンボダ　チョバヨ
わたしの部屋は姉の部屋より狭いです。

□ **높다** _{ノプタ} 高い

강남에는 높은 빌딩이 많이 있어요.
_{カンナメヌン　ノップン　ビルディンイ　マニ　イッソヨ}
江南には高いビルがたくさんあります。

反 **낮다** _{ナッタ} 低い

시험 점수가 낮아요. 試験の点数が低いです。
_{シホム　ジョムスガ　ナジャヨ}

□ **색깔** _{セッカル} 色 漢 색색

화려한 색깔의 원피스를 입고 있어요.
_{ファリョハン　セッカレ　ウォンピスルル　イプコ　イッソヨ}
派手な色のワンピースを着ています。

● **名詞**

□ **하얀색** _{ハヤンセク} 白色

＊ 標準語

□ **흰색** _{フィンセク} 白色

＊ 昔からある言葉。
今でもよく使われている

□ **까만색** _{ッカマンセク} 黒色

□ **검은색** _{コムンセク} 黒色

□ **빨간색** _{ッパルガンセク} 赤色

□ **분홍색** _{プノンセク} ピンク色 漢 粉紅色

□ **노란색** _{ノランセク} 黄色

□ **초록색** _{チョロクセク} 緑色 漢 草緑色

ノクセク
□ **녹색** 緑色 漢緑色

ピョル
□ **별** 星

パランセク
□ **파란색** 青色

キハハク
□ **기하학**
幾何学 漢幾何学

カルセク
□ **갈색**
茶色／褐色 漢褐色

セモ
□ **세모** 三角

ポラセク
□ **보라색** 紫色

ネモ
□ **네모** 四角

ナムセク
□ **남색** 藍色 漢藍色

ムジ
□ **무지** 無地 漢無地

クムセク
□ **금색** 金色 漢金色

ホピムニ
□ **호피무늬**
トラ柄 漢호피虎皮

ウンセク
□ **은색** 銀色 漢銀色

オルルンマルムニ
□ **얼룩말무늬**
ゼブラ柄

ッコンムニ
□ **꽃무늬** 花柄

ムルバンウルムニ
□ **물방울무늬**
水玉模様

オルルクムニ
□ **얼룩무늬**
迷彩柄

トングラミ
□ **동그라미**
円形／丸形

*미채 （漢迷彩）／
밀리터리 （ミリタリー）

副詞

□ **지금** 今 ㊇只今
　　　チグム
지금 강남역에 있어요. 今江南駅にいます。
チグム　カンナム ヨゲ　イッソヨ

□ **빨리** 早く
　　　ッパルリ
빨리 이 쪽으로 와. 早くこっちにおいで。
ッパルリ イ ッチョグロ ワ

□ **아직** まだ
　　　アジク
아직 친구가 도착하지 않았어요. まだ友人が
アジク チングガ トチャッカジ アナッソヨ 着いていません。

□ **너무** あまりにも/〜すぎる
　　　ノム
겨울은 너무 추워요. 冬は寒すぎます。
キョウルン ノム チュウォヨ

㊣ **아주** とても
　　　アジュ
아주 맛있는 가게를 소개합니다.
アジュ マシンヌン カゲルル ソゲハムニダ
とてもおいしい店を紹介します。

㊣ **매우** 非常に/うんと
　　　メウ
오늘은 매우 덥습니다. 今日はとても暑いです。
オヌルン メウ トプスムニダ

□ **아마** 多分

^{アマ}
아마 ^{ネイルン} ^{ビガ} ^{オル コエヨ}
아마 내일은 비가 올 거예요.

多分明日は
雨が降るでしょう。

□ **가끔** たまに／時折

^{カックム} ^{ジュンヨハン} ^{ゴスル} ^{イジョボリョョ}
가끔 중요한 것을 잊어버려요.

たまに重要なことを
忘れてしまいます。

類 **때때로** 時々／ちょくちょく

^{ナヌン} ^{ッテッテロ} ^{コピルル} ^{マショョ}
나는 때때로 커피를 마셔요.

わたしはちょくちょくコーヒーを飲みます。

指示代名詞

□ **이것** これ

^{イゴスン} ^{オルマエヨ}
이것은 얼마예요? これはいくらですか?

^{イゴ} ^{オルマエヨ}
이거 얼마예요? これいくらですか?

＊ 会話のときには、パッチム人と助詞が省略されることが多い

派 **그것** それ

^{クゴスン} ^{ムオシムニッカ}
그것은 무엇입니까? それはなんですか?

派 **저것** あれ

^{チョゴスン} ^{チョエ} ^{カバンイエヨ}
저것은 저의 가방이에요. あれは私のカバンです。

□ **어느 것** どれ
<small>オヌ ゴッ</small>

어느 것이 가장 마음에 들어요?
<small>オヌ ゴシ カジャン マウメ トゥロヨ</small>
どれがもっとも気に入りましたか?

어느 것이 제일 인기 있어요?
<small>オヌ ゴシ チェイル インキ イッソヨ</small>
どれが一番人気がありますか?

これも
覚えよう

● **副詞**

□ **마침** ちょうど
<small>マッチム</small>

□ **이미** すでに
<small>イミ</small>

□ **벌써** もう
<small>ボルッソ</small>

□ **곧** すぐ
<small>コッ</small>

□ **바로／곧바로**
<small>バロ コッバロ</small>
すぐ／すぐに

□ **갑자기** 突然
<small>カプチャギ</small>

□ **언제나** いつも
<small>オンジェナ</small>

□ **거의** ほとんど
<small>コイ</small>

□ **계속** 続けて 凜継続
<small>ケソク</small>

□ **대부분**
<small>テブブン</small>
大部分 凜大部分

□ **특히** 特に 凜特特
<small>トゥッキ</small>

類 **특별히**
<small>トゥッピョリ</small>
特別に 凜特別

168

もっと覚えよう！

覚えておくと役立つ単語を
さらに紹介します。

Track 40

動詞

☐ **불만을 말하다**
ブルマヌル　マラダ
クレームをつける　漢불만不満

☐ **봐주다**
ボァジュダ
見てあげる

☐ **구경하다**
クギョンハダ
見物する

☐ **느끼다**
ヌッキダ
感じる

☐ **냄새가 나다**
ネムセガ　ナダ
臭いがする

☐ **향기가 나다**
ヒャンギガ　ナダ
香りがする　漢향기香気

☐ **배웅하다**
ベウンハダ
見送る

☐ **마중하러 가다**
マジュンハロ　カダ
迎えに行く

☐ **빌리다**
ビルリダ
借りる

☐ **빌려 주다**
ビルリョ　ジュダ
貸してあげる

☐ **돌려 받다**
トゥリョ　バッタ
返してもらう

☐ **갚다**
カプタ
返済する

☐ **나타나다**
ナタナダ
現れる

☐ **나타내다**
ナタネダ
現す

☐ **감추다**
カムチュダ
隠す

☐ **치우다**
チウダ
消す

☐ **벌다**
ボルダ
稼ぐ

☐ **절약하다**
チョリャッカダ
節約する　漢절약節約

☐ **차이다**
チャイダ
振られる

□ **속다** ソクタ だまされる

□ **속이다** ソギダ だます

□ **회복하다** フェボッカダ
立ち直る 漢 회복回復

□ **약혼하다** ヤッコナダ
婚約する 漢 약혼約婚

□ **시집가다** シチブカダ 嫁ぐ 漢 시媤

□ **장가가다** チャンガカダ 妻をめとる

□ **신혼여행 가다** シノンヨヘン カダ
新婚旅行に行く
漢 신혼여행新婚旅行

□ **이혼하다** イホナダ
離婚する 漢 이혼離婚

□ **재혼하다** チェホナダ
再婚する 漢 재혼再婚

□ **해외이주하다** フェウェイジュハダ
海外移住する
漢 해외이주海外移住

□ **병간호하다** ビョンカノハダ
介護する 漢 병病 간호看護

□ **임신하다** イムシナダ
妊娠する 漢 임신妊娠

□ **출산하다** チュルサナダ
出産する 漢 출산出産

□ **육아하다** ユガハダ
育児する 漢 육아育児

□ **식히다** シッキダ 冷ます

□ **냉동하다** ネンドンハダ
冷凍する 漢 냉동冷凍

□ **채치다** チェチダ 千切りにする

□ **섞다** ッソクタ 混ぜ合わせる

□ **비비다** ビビダ 混ぜる

＊ 비빔밥 (ビビンバ) の語源

□ **껍질을 벗기다** ッコプチルル ボッキダ
皮をむく

□ **씹다** ッシプタ 噛む

□ **핥다** ハルタ なめる

□ **맛보다** マッポダ 味見する

□ **미워하다** ミウォハダ 憎む

□ **슬퍼하다** スルポハダ 悲しむ

□ **외로워하다** ウェロウォハダ さびしがる

□ **예뻐하다** イェッポハダ　かわいがる

□ **닮다** タムタ
(顔が) 似る／似ている

形容詞

□ **얌전하다** ヤムジョナダ　おしとやかだ

□ **상냥하다** サンニャンハダ
優しい (穏やかだ)

□ **활발하다** ファルバラダ
活発だ 漢활발活発

□ **낯가리다** ナッカリダ　人見知りする

□ **시끄럽다** シックロプタ　うるさい

□ **엄하다** オマダ　厳しい

□ **꼼꼼하다** ッコムッコマダ　几帳面だ

□ **진지하다** チンジハダ
真面目だ 漢진지真摯

□ **정직하다** ジョンジッカダ
正直だ 漢정직正直

□ **건방지다** コンバンチダ　生意気だ

□ **완고하다** ワンゴハダ
頑固だ 漢완고頑固

□ **한가롭다** ハンガロプタ
のんびりしている
漢한가閑暇

□ **정확하다** チョンハッカダ
正確だ 漢정확正確

□ **둔하다** ドゥナダ
鈍い／鈍感だ 漢둔鈍

□ **기분이 나쁘다** キブニ ナップダ
気分が悪い (体調ではなく感情)

□ **불퉁하다** ブルトゥンハダ　むっとする

□ **싫증나다** シルチュンナダ　嫌気がさす

□ **담백하다** タムベッカダ
あっさりしている 漢담백淡泊

□ **짙다** チッタ　濃い

□ **구수하다** クスハダ　香ばしい

□ **느끼하다** ヌッキハダ　脂っこい

□ **부드럽다** ブドゥロプタ　柔らかい

□ **딱딱하다** ッタクッタッカダ　堅い

□ **마르다** マルダ　やせている

□ **젊다** チョムタ　若い

☐ **어리다** オリダ 幼い

☐ **늙다** ヌクタ 老けている

☐ **아름답다** アルムダプタ 美しい

☐ **비슷하다** ビスッタダ
(顔以外) 似る／似ている

接続詞

☐ **그래서** クレソ それで

☐ **그래도** クレド それでも

☐ **그래야** クレヤ それでこそ

☐ **그러니까** クロニッカ だから

☐ **그렇지만** クロッチマン
だけど／しかし

☐ **그리고** クリゴ そして

☐ **그러면** クロミョン それでは

☐ **그러자** クロジャ すると

☐ **그런데** クロンデ ところで

☐ **그러면서** クロミョンソ そうしながら

☐ **예를 들면** イェルル トゥルミョン
例えば 漢 예例

副詞

☐ **또는** ットヌン または

☐ **즉／요컨대** チュク ヨッコンデ すなわち

172

第 **1** 章

エンターテインメント

Track 41 ～ 43

韓国のアイドルはファンとの距離が近いのが特徴。
ファンミやサイン会、
空港での出待ちなどでファンサをもらうには、
韓国語で応援するのが必須！

UNIT 1 ライブ・ファンミ

Track 41

K-POPグループのライブを現地まで見に行くのに
必要な単語を紹介。覚えた韓国語を
ファンミや握手会で使えば、相手も喜んでくれるはず！

名詞

☐ **라이브공연**
ライブコンヨン

ライブ／ライブ公演　漢 公演公演

홍대입구역에서
ホンデイプクヨゲソ

라이브공연이 있어요.
ライブコンヨニ　　イッソヨ

弘大入り口駅でライブがあります。

라이브공연이 언제 있어요? ライブはいつありますか？
ライブコンヨニ　　オンジェ　イッソヨ

派 **야외라이브** 野外ライブ　漢 야외野外
ヤウェライブ

야외라이브에 가려고 준비해요.
ヤウェライブエ　　カリョゴ　ジュンビヘヨ

野外ライブに行こうと思って準備しています。

☐ **예매권** 予約券　漢 予買券
イェメクォン

인터넷에서 **예매권**을 샀어요. インターネットで
イントネセソ　　　イェメクォヌル　サッソヨ　予約券を買いました。

派 **당일권** 当日券　漢 当日券
タンイルクォン

라이브회장에서 **당일권**을 판매해요?
ライブフェジャンエソ　　タルイルクォヌル　パンメヘヨ

ライブ会場で当日券を販売していますか？

□ **사인회** サイン会 漢会会
_{サインフェ}

_{サインフェエ カゴ シッポソ}
사인회에 가고 싶어서
_{エルボムル マニ サッソヨ}
앨범을 많이 샀어요.
サイン会に行きたくてアルバムをたくさん買いました。

_{コンヨン タウムナレ サインフェガ イッソヨ}
공연 다음날에 사인회가 있어요.
公演の翌日にサイン会があります。

派 **악수회** 握手会 漢握手会
_{アクスフェ}

_{ネイル アクスフェガ ヨルリョヨ}
　내일 악수회가 열려요. 明日握手会が開かれます。

□ **선물** プレゼント 漢膳物
_{ソンムル}

_{ソンムルル ジュンビヘンヌンデ パダ ジュシゲッソヨ}
선물을 준비했는데, 받아 주시겠어요?
プレゼントを準備したんですが、受け取ってくれますか?

_{イルボネソ ソンムルル サワッソヨ}
일본에서 선물을 사왔어요.
日本でプレゼントを買ってきました。

□ **편지** 手紙 漢便紙
_{ピョンジ}

_{ハングゴロ ピョンジルル ッソッソヨ}
한국어로 편지를 썼어요. 韓国語で手紙を書きました。

□ **대형스크린** 大型スクリーン 漢大型大型
_{テヒョンスクリン}

_{テヒョンスクリネ シンゴゲ ミュジックビディオガ ナワヨ}
대형스크린에 신곡의 뮤직비디오가 나와요.
大型スクリーンに新曲のミュージックビデオが出ます。

ライブ・ファンミ

ドラマ・映画

SNS・手紙

□ **긴장하다** 緊張する (漢)긴장緊張
キンジャンハダ

어제 밤에 너무 긴장해서 잠을 못 잤어요.
オジェ バメ ノム キンジャンヘソ チャムル モッ チャッソヨ
昨日の夜に緊張しすぎて眠れませんでした。

악수회는 언제나 긴장해요.
アクスフェヌン オンジェナ キンジャンヘヨ
握手会はいつも緊張します。

□ **두근두근하다** ドキドキする
トゥグントゥグンハダ

콘서트가 기대되어서 두근두근해요.
コンソトゥガ キデテオソ トゥグントゥグンヘヨ
コンサートが楽しみでドキドキします。

오빠 모습을 보면 두근두근해요.
オッパ モスブル ボミョン トゥグントゥグンヘヨ
オッパの姿を見るとドキドキします。

＊ 年上の好きな芸能人のことを오빠と呼ぶ

□ **안다** 抱く
アンタ

안아 주세요. ハグしてください。
アナ ジュセヨ

□ **열심히 하다** がんばる
ヨルシミ ハダ

열심히 하세요. がんばってください。
ヨルシミ ハセヨ

□ **눈이 빠지게 기다리다** 首を長くして待つ
ヌニ ッパジゲ キダリダ

눈이 빠지게 기다렸어요. 首を長くして待っていました。
ヌニ ッパジゲ キダリョッソヨ

これも
覚えよう

● 名詞

ペンクルロプ
□ **팬클럽**
ファンクラブ

ペンミティン
□ **팬미팅**
ファンミーティング

カンジュ
□ **간주** 間奏 漢間奏

プチェ
□ **부채** うちわ

ヤグァンボン
□ **야광봉**
ペンライト 漢夜光棒

ソンジャンダン
□ **손장단**
手拍子 漢장단長短

ッサンアンギョン
□ **쌍 안 경**
双眼鏡 漢双眼鏡

メジン
□ **매진**
売り切れ 漢賣盡

チジョンソク
□ **지정석**
指定席 漢指定席

チョデクォン
□ **초대권**
招待券 漢招待券

テピョゴク
□ **대표곡**
代表曲 漢代表曲

チェゴ
□ **○○최고**
○○最高

ッチャン
□ **○○짱** ○○最高

＊ ○○に名前を入れて
使ってみて！

ファイティン
□ **화이팅** ファイト

チョンサ
□ **천사** 天使

＊ 好きな女性にも使える

テバク
□ **대박**
大ヒット／やばい

＊ すごいのスラングで
使うことも

グッジュ
□ **굿즈** グッズ

UNIT 2 ドラマ・映画

Track 42

韓国ドラマは、週に2日連続して放送されるものが
多いのが特徴。視聴率や視聴者の意見を反映して、
目まぐるしく内容が展開していくよ

名詞

□ **생방송** センバンソン
生放送 漢生放送

연말시상식은 생방송이에요.
ヨンマルシサンシグン　センバンソンイエヨ

年末授賞式は
生放送です。

＊ 연말시상식はレコード大賞のような番組のこと

□ **재방송** チェバンソン
再放送 漢再放送

월요일 9시에 재방송합니다.
ウォリョイル　アホプシエ　チェバンソンハムニダ

月曜日9時に
再放送します。

□ **영화** ヨンファ
映画 漢映画

좋아하는 영화는 뭐예요?
チョアハヌン　ヨンファヌン　ムォエヨ

好きな映画はなんですか？

□ **촬영지** チャリョンヂ
撮影地 漢撮影地

이 장소는 드라마 촬영지로 유명해요.
イ　チャンソヌン　ドゥラマ　チャリョンヂロ　ユミョンヘヨ

この場所は
ドラマ撮影地として有名です。

動詞

□ **관람하다** 観覧する 漢 관람観覧
クヮンラマダ

뮤지컬을 관람하기 위해서 티켓을 샀어요.
ミュジコルル　クヮンラマギ　ウィヘソ　ティケスル　サッソヨ
ミュージカルを観覧するためにチケットを買いました。

- -

□ **녹화하다** 録画する 漢 녹화録画
ノッカハダ

좋아하는 드라마를 전부 녹화했어요.
チョアハヌン　ドゥラマルル　チョンブ　ノッカヘッソヨ
好きなドラマを全部録画しました。

드라마를 녹화해서 주말에 봐요.
ドゥラマルル　ノッカヘソ　チュマレ　ボァヨ
ドラマを録画して週末に見ます。

- -

□ **주연하다** 主演する 漢 주연主演
チュヨナダ

유명한 배우가 주연한
ユミョンハン　ベウガ　チュヨンハン

드라마입니다.
ドゥラマイムニダ
有名な俳優が主演したドラマです。

派 **주인공** 主人公 漢 主人公
チュインゴン

주인공은 가난하지만 씩씩한　여성이에요.
チュインゴンウン　カナナジマン　ッシクッシッカン　ヨソンイエヨ
主人公は貧乏だが凛々しい女性です。

- -

□ **연기하다** 演技する 漢 연기演技
ヨンギハダ

연기를 잘해요. 演技がうまいです。
ヨンギルル　チャレヨ

- -

ライブ・ファンミ

ドラマ・映画

SNS・手紙

□ **출연하다** 出演する 漢出演出演
チュリョナダ

イ ベウヌン チャンニョン ヒトゥハン ヨンファエド
이 배우는 작년 히트한 영화에도
チュリョネッソヨ
출연했어요.
この俳優は昨年ヒットした映画にも出演しました。

イ カスガ チュリョンハン コミディヌン シチョンニュル ノッパヨ
이 가수가 출연한 코미디는 시청률 높아요.
この歌手が出演したコメディは視聴率が高いです。

これも覚えよう

● 名詞

□ **보도프로그램**
ポドプログレム
報道番組 漢보도報道

□ **제목**
チェモク
タイトル 漢題目

□ **여배우**
ヨベウ
女優 漢女俳優

□ **대사**
テサ
セリフ 漢台詞

□ **자막**
ジャマク
字幕 漢字幕

□ **공포영화**
コンポヨンファ
ホラー映画 漢恐怖映画

□ **주제가**
チュジェカ
主題歌 漢主題歌

□ **조연** 助演 漢助演
ジョヨン

□ **감독** 監督 漢監督
カムドク

□ **사극** 時代劇 漢史劇
サグク

UNIT 3 SNS・手紙

Track 43

SNSやファンレターで使える単語を勉強するよ。
お気に入りの芸能人のSNSには、
韓国語でメッセージを入れてみてね!

助詞

□ **에게** ^{エゲ} (人)〜に

친구^{チングエゲ}에게 메세지를^{メセジルル} 보냈어요.^{ボネッソヨ}　友人にメッセージを送りました。

類 **께** ^{ッケ} (人)〜に

＊ 에게の尊敬語

부모님께^{ブモニムッケ} 인사를^{インサルル} 드려요.^{トゥリョヨ}　両親にごあいさつします。

派 **귀하** ^{クィハ} (宛先の名前の後につける)〜様　漢 貴下

＊ 封筒の宛先に님(ニム 様)は使わない

□ **올림** ^{オルリム} (差出人名)〜より/捧ぐ

＊ メールや手紙の最後に使う

선생님의^{ソンセンニメ} 제자,^{チェジャ}

김영훈^{キムヨンフン} 올림^{オルリム}

先生の弟子キムヨンフンより

類 **드림** ^{トゥリム} (差出人名)〜より/拝

＊ メールや手紙の最後に使う

총무부^{チョンムブ} 이현아^{イヒョナ} 드림^{トゥリム}　総務部 イヒョンアより

ライブ・ファンミ

ドラマ・映画

SNS・手紙

□ **기입하다** キイッパダ　記入する　㉑기입記入

앙케이트란에 이름을 기입해 주세요.
アンケイトゥラネ　イルムル　キイッペ　ジュセヨ
アンケート欄に名前を記入してください。

㉛ **적다** チョクタ　書きとめる／記入する

손님 이름을 적어 주세요.
ソンニム　イルムル　チョゴ　ジュセヨ
お客さんの名前を記入してください。

㉛ **쓰다** ッスダ　書く

한국말로 이름을 쓰겠습니다.
ハングンマルロ　イルムル　ッスゲッスムニダ
韓国語で名前を書きます。

□ **응원하다** ウンウォナダ
応援する　㉑응원応援

좋아하는 야구팀을
チョアハヌン　ヤグティムル
응원해요.
ウンウォネヨ
好きな野球チームを応援しています。

□ **축하하다** チュッカハダ　祝う　㉑祝賀

동료의 결혼을 축하합니다.
トンニョエ　キョロヌル　チュッカハムニダ
同僚の結婚を祝います。

생일 축하해요.
センイル　チュッカヘヨ
誕生日おめでとう。

チュチョナダ
□ **추천하다** 推薦する/勧める 漢 추천推薦

チングエゲ シンゴグル チュチョネッソヨ
친구에게 신곡을 추천했어요.
友人に新曲を勧めました。

チョウン ノレガ イッスミョン チュチョネ ジュセヨ
좋은 노래가 있으면 추천해 주세요.
いい歌があったら勧めてください。

....

トゥンノッカダ
□ **등록하다** 登録する 漢 등록登録

トソグヮネ トゥンノッカミョン チェグル
도서관에 등록하면 책을

ビルリル ス イッソヨ
빌릴 수 있어요.
図書館に登録すれば本を借りられます。

テハッキョ トゥンノックムル ソングメッソヨ
대학교 등록금을 송금했어요.
大学の登録金を振り込みました。

カイッパダ
派 **가입하다** 加入する 漢 가입加入

チョアハヌン カスエ ペンクルロベ カイッペッソヨ
좋아하는 가수의 팬클럽에 가입했어요.
好きな歌手のファンクラブに入りました。

....

コンユハダ
□ **공유하다** 共有する 漢 공유共有

チョヌン トンセンハゴ エルボムル コンユヘヨ
저는 동생하고 앨범을 공유해요.
私は妹とアルバムを共有しています。

....

これも
覚えよう

● 名詞

□ **연하장** ヨナジャン
年賀状 漢年賀状

□ **게시판** ケシパン
掲示板 漢掲示板

□ **인증 샷** インジュン シャッ
顔認証 漢認証認証

□ **셀카** セルカ　自撮り

□ **인스타그램** インスタグレム
インスタグラム

＊ 一番人気があるのが
インスタグラム

□ **라인** ライン LINE

□ **카카오톡** カカオトク
カカオトーク

＊ ほとんどの韓国人は
カカオユーザー

□ **페이스북** ペイスブク
Facebook

□ **해쉬태그** ヘシュテグ
ハッシュタグ

□ **다이렉트** ダイレクトゥ
DM（ダイレクトメール）

□ **팔로워** パルロウォ　フォロワー

● 動詞

□ **팔로우하다** パルロウハダ　フォローする

184

第2章

美容・グルメ

Track 44 ～ 47

韓国旅行でのお楽しみは、
エステやプチ整形、屋台グルメめぐり。
現地で目一杯楽しむために
覚えておくと便利な単語を紹介します。

UNIT 1 エステ

Track 44

韓国に行ったら体験したい汗蒸幕やチムジルバン。
サウナに入って身体の血行をよくすれば、
韓国人のようなすべすべお肌になれるかも!?

名詞

□ **한증막** (ハンジュンマク)
汗蒸幕 (高温サウナ)　🇰🇷 汗蒸幕

뜨거운 (ットゥゴウン) 한증막에서 (ハンジュンマゲソ)
땀을 (ッタムル) 흘렸어요. (フルリョッソヨ)
暑いサウナで汗を流しました。

한증막에서 (ハンジュンマゲソ) 때밀이를 (ッテミリルル) 했어요. (ヘッソヨ)　汗蒸幕で
あかすりをしました。

＊ 汗蒸幕は100度前後の高温サウナ。汗をしっかりかいて
　　角質がやわらかくなったあと、あかすりをするのが一般的。
　　オプションで顔の産毛取りや足つぼマッサージなどもある

□ **찜질방** (ッチムジルバン)　チムジルバン (低温サウナ)

주말에는 (チュマレヌン) 찜질방에서 (ッチムジルバンエソ) 여유롭게 (ヨユロプケ) 지내요. (チネヨ)
週末にはサウナでゆったりと過ごします。

찜질방에서 (ッチムチルバンエソ) 데이트했어요. (デイトゥヘッソヨ)
チムジルバンでデートしました。

＊ 低温のサウナ。
　　食堂や仮眠室などがあり、日本の健康ランドのような雰囲気。
　　デートに利用するカップルも多い

□ **목욕탕** 銭湯 漢沐浴湯
モギョクタン

일주일에 한 번 목욕탕에 가요.
イルチュイレ　ハン　ボン　モギョクタンエ　カヨ
週に一度銭湯に行きます。

회사 가기전에 목욕탕에 가요.
フェサ　カギジョネ　モギョクタンエ　カヨ
会社に行く前に銭湯に行きます。

動詞

□ **쑥찜질하다** よもぎ蒸し(を)する
ッスクッチムチラダ

어깨가 아파서 쑥찜질했어요.
オッケガ　アッパソ　ッスクッチムチレッソヨ
肩が痛くてよもぎ蒸しをしました。

남자도 쑥찜질할 수 있어요?
ナムジャド　ッスクッチムチラル　ス　イッソヨ
男もよもぎ蒸しできますか？

＊ 最近では男性が利用できるところも

□ **솜털제거하다** 産毛抜き 漢제거除去
ソムトルジェコハダ

얼굴의 솜털을 제거했어요. 顔の産毛を抜きました。
オルグレ　ソムトルル　ジェコヘッソヨ

□ **부항하다** カッピングする 漢부항附缸
ブハンハダ

허리가 아파서 한의원에 가서 부항했어요.
ホリガ　アッパソ　ハニウォネ　カソ　ブハンヘッソヨ
腰が痛くて韓医院に行きカッピングしました。

＊ 한의원 (ハニウォン) は東洋医学の医師が営む鍼灸院のこと

エステ
化粧品・整形
屋台
カフェ

□ **발지압하다**
バルチアッパダ

足裏指圧する ㉂ 지압指圧

발지압을 하면 아프지만
バルチアブル　ハミョン　アップジマン

기분이 상쾌해요.
キブニ　サンクェヘヨ

足裏マッサージをすると痛いけれどすっきりします。

＊ 기분이 상쾌하다 (キブニ サンクェハダ) は「気分が爽快だ」

㉊ **발마사지하다** 足裏マッサージ
バルマサジハダ

발마사지는 30분정도 걸립니다.
バルマサジヌン　サムシップンジョンド　コルリムニダ

足裏マッサージは30分くらいかかります。

□ **때밀이하다** あかすりする
ッテミリハダ

목욕탕에서 때밀이하면 피부가 매끈해요.
モギョクタンエソ　ッテミリハミョン　ピブガ　メックネヨ

銭湯であかすりをすると皮膚がすべすべします。

形容詞

□ **산뜻하다** さっぱりする
サンットゥッタダ

마사지 하면 산뜻해요. マッサージするとさっぱりします。
マッサジ　ハミョン　サンットゥッテヨ

188

これも
覚えよう

● 名詞

□ **탈의실**
タリシル
更衣室 漢更衣室

□ **오이팩**
オイペク
きゅうりパック

□ **수면실**
スミョンシル
仮眠室 漢睡眠室

□ **영양제**
ヨンヤンジェ
サプリメント 漢栄養剤

□ **진흙팩**
チヌクペク
泥パック

● 動詞

□ **긴장을 풀다**
キンジャンウル プルダ
緊張をほぐす 漢緊張緊張

□ **기분전환하다**
キブンジョナナダ
気分転換する 漢기분전환気分転換

● 形容詞

□ **아프다** 痛い
アップダ

□ **반들반들하다**
パンドゥルパンドゥルハダ
つるつるする

□ **촉촉하다**
チョクチョカダ
しっとりする

エステ

化粧品・整形

痩身

カフェ

UNIT 2 化粧品・整形

美容大国・韓国では次々と新しい化粧品が誕生。
繁華街には、美容整形外科や美容皮膚科が点在して
いるよ。施術費用も日本より安いのが特徴

名詞

건조피부 コンジョピブ　乾燥肌　漢 乾燥皮膚

나는 건조피부라서 겨울에 아파요.
ナヌン　コンジョピブラソ　キョウレ　アッパヨ
わたしは乾燥肌なので冬に調子が良くない。

＊ 아프다（アップダ 痛い）は、具合が悪いときにも使う

反 **지성피부** チソンピブ　オイリー肌　漢 脂性皮膚

지성피부는 여드름이 나기 쉬워요.
チソンピブヌン　ヨドゥルミ　ナギ　スィウォヨ
オイリー肌はニキビができやすいです。

민감성피부 ミンガムソンピブ　敏感肌　漢 敏感性皮膚

민감성피부의 사람들은
ミンガムソンピブエ　サラムドゥルン
화장품을 조심히 써야 합니다.
ファジャンプムル　チョシミ　ッソヤ　ハムニダ
敏感肌の人は化粧品を気をつけて使わなければなりません。

미백 ミベク　美白　漢 美白

이 마스크팩은 미백에 좋아요.
イ　マスクペグン　ミベゲ　チョアヨ
このマスクパックは
美白にいいです。

□ **여드름페치** ニキビパッチ
ヨドゥルムペチ

여드름페치를 여드름이 난 곳에 붙여주세요.
ヨドゥルム ベチルル　　ヨドゥルミ　ナン ゴセ　プッチョジュセヨ

ニキビパッチをニキビができたところに貼ってください。

□ **쁘띠성형** プチ整形 ㊌성형整形
ップッティソンヒョン

쁘띠성형은 누구나
ップッティソンヒョンウン ヌグナ

간단하게 할 수 있어요.
カンタナゲ　　ハル ス イッソヨ

プチ整形は誰でも簡単にできます。

□ **입소문** 口コミ ㊌소문所聞
イプソムン

이 병원은 실력이 좋다고 입소문이 났어요.
イ ビョンウォヌン シルリョギ チョッタゴ イプソムニ ナッソヨ

この病院は腕がいいと口コミがあります。㊌실력実力

動詞

□ **쌍꺼풀수술을 받다**
ッサンッコプルススルル パッタ

二重手術をする ㊌쌍双 수술手術

일주일 전에 쌍꺼풀수술을 받았어요.
イルチュイル ジョネ ッサンッコプルススルル パダッソヨ

１週間前に二重手術を受けました。

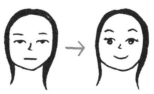

エステ

化粧品・整形

屋台

カフェ

□ **점제거수술을 받다**
ジョム ジェコ ス スル / パッタ

ほくろ除去手術を受ける （漢）점제거수술點除去手術

점제거수술을 받으면 아픕니까?
ジョム ジェコ ス スル / パドゥミョン / アップムニッカ

ほくろ除去手術は痛いですか？

> これも覚えよう

● **名詞**

□ **천연화장품**
チョニョンファジャンプム

自然化粧品 （漢）天然化粧品

□ **한방화장품**
ハンバンファジャンプム

韓方化粧品 （漢）韓方化粧品

□ **기름종이**
キムルジョンイ

油取り紙

□ **화장솜** コットン
ファジャンソム

□ **향수** 香水 （漢）香水
ヒャンス

□ **민낯** すっぴん
ミンナッ

□ **남성용**
ナムソンヨン

男性用 （漢）男性用

● **動詞**

□ **연장술하다** まつげエクステする （漢）연장술延長術
ヨンジャンスラダ

□ **화장발하다**
ファジャンバラダ

化粧映えする

□ **붓다** 腫れる
プッタ

UNIT 3 屋台

Track 46

大学周辺の商店街や繁華街の通りを埋めつくす屋台。
豊富な屋台メニューはどれも安くておいしいうえに
量もたっぷり。食べ歩きを楽しんでみて！

名詞

□ **노점** _{ノジョム} 屋台 澤 露店

 * 立ち食いできる屋台

핫도그는 노점에서 팔아요.
_{ハットグヌン　ノジョメソ　パラヨ}
ハットグは屋台で売っています。

노점에서는 현금밖에 쓸 수 없어요.
_{ノジョメソヌン　ヒョングムバッケ　ッスル　ス　オプソヨ}
屋台では現金しか使えません。

□ **포장마차** _{ポジャンマチャ} 屋台 澤 布帳馬車

 * お酒が飲める屋台

포장마차에서 한 잔 할까요?
_{ポジャンマチャエソ　ハン　ジャン　ハルッカヨ}
屋台で一杯やりましょうか？

□ **군것질** _{クンゴッチル} 買い食い／間食

저는 군것질하는 버릇이 있어요.
_{チョヌン　クンゴチラヌン　ボルシ　イッソヨ}
私は買い食いする癖があります。

ひとくちメモ

노점（ノジョム 立ち食い屋台）で一人前だけ持ち帰りたいときには、
봉투 주세요.（ボントゥ ジュセヨ 袋ください）と言えば、
小さなビニール袋に入れてくれる。

エステ

化粧品・整形

屋台

カフェ

□ **씩** ずつ
ツシク

떡볶이하고 미니김밥 1인분씩 주세요.
ットクポッキハゴ　ミニキムパプ　イリンブンッシク　ジュセヨ
トッポギとミニキンパ1人分ずつください。

□ **어치** ～分 (ぶん)
オチ

군밤 3000원어치 주세요.　　　焼き栗3000ウォン分
クンバム　サムチョノノチ　ジュセヨ　　　ください。

＊ 量り売りのときに、원のあとにつなげる

動詞

□ **맛집 찾아다니다** (おいしい店を) 食べ歩く
マッチプ　チャジャタニダ

서울에 가면 맛집 찾아다니고 싶어요.
ソウレ　カミョン　マッチプ　チャジャタニゴ　シッポヨ
ソウルに行ったらおいしい店を食べ歩きたいです。

□ **먹고 가다** 食べて行く
モッコ　カダ

가게에서 먹고 가십니까？　店で食べて行きますか？
カゲエソ　モッコ　カシムニッカ

□ **가지고 가다**
カジゴ　カダ
持って行く／テイクアウトする

이 요리는 가지고 갈
イ　ヨリヌン　カジゴ　カル

수 있어요？
ス　イッソヨ
この料理は持って行けますか？

194

形容詞

□ **싸고 맛있다** 安くておいしい
（ッサゴ　マシッタ）

노점은 정말로 싸고 맛있어요.
（ノジョムン　チョンマルロ　ッサゴ　マシッソヨ）
屋台は本当に安くておいしいです。

> これも
> 覚えよう

● 名詞

□ **떡볶이**
（ットックポッキ）
トッポギ（餅の甘辛炒め）

□ **순대** スンデ（腸詰）
（スンデ）

□ **어묵** おでん 漢 어魚
（オムク）

□ **만두**
（マンドゥ）
韓国風餃子 漢 饅頭

□ **군만두** 焼き餃子
（クンマンドゥ）

□ **호떡**
（ホットク）
黒糖入りおやき 漢 호胡

□ **고구마튀김**
（コグマティギム）
韓国風芋ケンピ

□ **계란튀김**
（ケランティギム）
卵揚げ 漢 계란鶏卵

□ **치즈 구이**
（チジュ　クイ）
串焼きチーズ

□ **핫바** ホットバー
（ハッバ）

＊ 魚の練り物各種

□ **토스트** トースト
（トストゥ）

＊ 朝ごはんの定番なので、
　 売っている屋台も
　 朝早くから営業する

エステ

化粧品・整形

屋台

カフェ

チェーン系のカフェには、日本にない
韓国限定メニューの種類が豊富。
韓国オリジナルタンブラーはお土産にも喜ばれるよ

名詞

□ **아이스 카페 라떼**
_{アイス　カペ　ラテ}
アイスカフェラテ

아이스 카페 라떼 주세요.
_{アイス　カペ　ラテ　ジュセヨ}
アイスカフェラテください。

＊ 冷えた飲み物を頼むときは
　頭に아이스をつける

□ **스몰 사이즈** Sサイズ
_{スモル　サイジュ}

스몰 사이즈 주세요. Sサイズください。
_{スモル　サイジュ　ジュセヨ}

□ **텀블러** タンブラー
_{トムブルロ}

텀블러 주세요. タンブラーください。
_{トムブルロ　ジュセヨ}

＊ 英語の発音が日本とは少し違うので注意

□ **햄버거 세트** ハンバーガーセット
_{ヘムボゴ　セトゥ}

햄버거 세트 주세요. ハンバーガーセットください。
_{ヘムボゴ　セトゥ　ジュセヨ}

□ **메뉴** メニュー
メニュー

메뉴 주세요. メニューください。
メニュー ジュセヨ

動詞

チュムナシダ
□ **주문하시다**

注文なさる 漢 주문注文

* 주문하다 (チュムナダ 注文する) の
　尊敬語で店員が使う

チュムナシゲッスムニッカ
주문하시겠습니까?

ご注文はお決まりですか？

オットッケ　　ハシダ
□ **어떻게 하시다** どのようになさる

ウムニョヌン　オットッケ　ハシゲッスムニッカ
음료는 어떻게 하시겠습니까? お飲み物は
いかがですか？

副詞

ト
□ **더** もっと

ト　チュムナシル　　ゴスン　オプスムニッカ
더 주문하실 것은 없습니까? ほかにいかがですか？

* 直訳は「もっと注文なさる物はありませんか？」

ハナ　ト　ジュセヨ
하나 더 주세요. もうひとつください。

* 追加で注文したいときに使うフレーズ

エステ

化粧品・整形

屋台

カフェ

これも覚えよう

● 名詞

□ **오늘의 커피**
オヌレ コピ
今日のコーヒー

□ **카페 모카**
カペ モカ
カフェモカ

□ **아메리카노**
アメリカノ
アメリカーノ

□ **카푸치노**
カプチノ
カプチーノ

□ **에스프레소**
エスプレソ
エスプレッソ

□ **샐러드** サラダ
セルロドゥ

□ **프라이드 포테이토**
プライドゥ ポテイト
フライドポテト

□ **미디엄 사이즈**
ミディオム サイジュ
ミディアムサイズ

□ **라지 사이즈**
ラジ サイジュ
ラージサイズ

□ **코리아 머그**
コリア モグ
コリアマグ

＊ 韓国のオリジナル
タンブラー。
お土産にも喜ばれる

ひとくちメモ

韓国のスイーツ店はマカロン専門やパンプキンケーキ専門など
細分化されています。サプライズ好きな韓国人は、
誕生日にひそかにデコレーションケーキをオーダーして
友人や家族を驚かせるのが大好き！

第 **3** 章

恋愛・結婚

Track 48 ~ 49

現地でも日本でも、
韓国人男性と知り合える場が多くなりました。
もし、恋愛、結婚に発展したら…!?
そのときのためにしっかり勉強しておきましょう。

UNIT 1 出会い

Track 48

韓国の男性は、一度や二度振られてもめげないのが
特徴。毎日SNSで連絡したり、荷物を持ったり、
プレゼントしたりと、積極的にマメにアプローチするよ

名詞

□ **계기** きっかけ 漢契機
ケギ

소개팅을 계기로 알게 됐어요. 　紹介をきっかけにして
ソゲティンウル　ケギロ　アルゲ　テッソヨ　　　　知り合いました。

우리는 과팅을 계기로 결혼했어요.
ウリヌン　クゥティンウル　ケギロ　キョロネッソヨ

私たちは学科のコンパをきっかけにして結婚しました。

＊ 과팅は、과 (クゥ 学科) の미팅 (ミティン コンパ) の略

□ **동창회** 同窓会 漢同窓会
トンチャンフェ

다음달 동창회 가요? 　来月の同窓会 (に) 行きますか？
タウムダル　トンチャンフェ　カヨ

□ **운명** 運命 漢運命
ウンミョン

처음 만났을 때
チョウム　マンナッスル　ッテ
운명을 직감했어요.
ウンミョンウル　チッカメッソヨ

初めて会ったとき、ピンときました。

□ **우연** 偶然 漢偶然
ウヨン

길에서 우연히 재회했어요. 　道で偶然に再会しました。
キレソ　ウヨニ　チェフェヘッソヨ

イニョン
□ **인연** 縁 漢 因縁

イニョニ　　　インナバヨ
인연이 있나봐요. 縁があるみたいですね。

動詞

ホガムル　　　カジダ
□ **호감을 가지다** 好感を持つ 漢 호감好感

オルグルン　　チェ タイビ　　アニジマン　　ホガムル　カジョッソヨ
얼굴은 제 타입이 아니지만 호감을 가졌어요.
顔は私のタイプじゃありませんが好感を持ちました。

チョンヌネ　バナダ
□ **첫눈에 반하다** ひと目ぼれする

チョンヌネ　バナン　チョ サラムル　タシ　ポゴ　シッポヨ
첫눈에 반한 저 사람을 다시 보고 싶어요.
ひと目ぼれしたあの人にまた会いたいです。

クヮンシミ　イッタ
□ **관심이 있다** 気がある 漢 관심関心

ユノ　オッパヌン　ノエゲ　クヮンシミ　インヌン　ゴッ カッタ
윤호 오빠는 너에게 관심이 있는 것 같아.
ユノ兄さんはあなたに気があるみたい。

出会い

恋愛感情

● 名詞

□ 느낌 ᵏᵘッキᴹフィーリング

□ 공감 ᵏンガᴹ共感 漢共感

□ 첫사랑 ᵏョッサラン初恋

□ 만남사이트 マンナムサイトゥ
出会い系サイト

□ 짝사랑 ッチャクサラン片思い

□ 첫인상 ᵏョディンサン
第一印象 漢인상印象

□ 솔로 ソルロフリー

□ 합석 ハプソク相席 漢合席

● 形容詞

□ 인기가 많다 インキガ・マンタ
もてる 漢인기人気

□ 잘나가다 チャルナガダ
イケてる

● 存在詞

□ 가망성이 있다 カマンソンイ・イッタ 脈ありだ 漢가망성可望性

ひとくちメモ

「솔탈 (ソルタル)」は、「솔로 탈출 (ソルロ タルチュル) ソロ脱出」の略語。
恋人ができたときに使う。ㅋㅋ (笑)

202

UNIT 2 恋愛感情

Track 49

SNSの発達により、韓国の男性との出会いが
ぐっと身近に。恋愛に関する単語を学んでおけば、
役立つときがくるかも!?

名詞

□ **정열적** 情熱的 (漢)情熱的
ジョンニョルチョク

그 사람은 모든 일에 정열적이에요.
ク サラムン モドゥン イレ ジョンニョルチョギエヨ

その人はすべてのことに情熱的です。

動詞

□ **사랑하다** 愛する
サランハダ

남편을 사랑해요. 旦那を愛しています。
ナムピョヌル サランヘヨ

派 **사랑에 빠지다** 恋 (愛)に落ちる
サランエ ッパジダ

처음 만난 순간 사랑에 빠졌어요.
チョウム マンナン スンガン サランエ ッパジョッソヨ

初めて会った瞬間恋に落ちました。

□ **사귀다** つき合う
サグィダ

직장의 동료와
チクチャンエ ドンニョワ

사귀고 있어요.
サグィゴ イッソヨ

職場の同僚とつき合っています。

出会い

恋愛感情

□ **소중하다** ソジュンハダ 大切だ 漢 소중所重

이 사람은 나의 소중한 사람이에요.
イ サラムン ナエ ソジュンハン サラミエヨ
この人はわたしの大切な人です。

□ **애절하다** エジョラダ 切ない 漢 애절哀切

애절한 사랑 영화를
エジョラン サラン ヨンファルル
보고 눈물이 났어요.
ポゴ ヌンムリ ナッソヨ
切ない愛の映画を観て泣きました。

□ **보고 싶다** ポゴ シプタ 会いたい

어제 만났지만 벌써 보고 싶어요.
オジェ マンナッチマン ボルッソ ポゴ シッポヨ
昨日会ったけれどもう会いたいです。

□ **부끄럽다** ブックロプタ 恥ずかしい

밖에서 손을 잡는 것은 부끄러워요.
パッケソ ソヌル チャムヌン ゴスン ブックロウォヨ
外で手をつなぐのは恥ずかしいです。

□ **답답하다** タプタッパダ　もどかしい／イライラする

상대방의 마음을 알 수 없어서 답답해요.
サンデバンエ マウムル ア ス オプソソ タプタッペヨ
相手の気持ちがわからなくてもどかしいです。

これも覚えよう

● **名詞**

□ **뽀뽀** ッポッポ　チュー

□ **옷차림** オッチャリム
服装／着こなし

□ **미팅** ミティン　コンパ

□ **총무** チョンム　幹事　漢総務

□ **소개팅** ソゲティン
紹介　漢 소개紹介

□ **이상형** イサンヒョン
理想のタイプ　漢理想型

□ **타입** タイプ　タイプ

□ **폭탄** ポクタン
地雷（最も気に入らない人）
漢爆弾

□ **골드미스** ゴルドゥミス
独身女性（女性版独身貴族）

□ **노처녀** ノチョニョ
オールドミス／負け犬
漢老処女

□ **골드미스터** ゴルドゥミスト
独身貴族

□ **노총각** ノチョンガク
結婚できない男
漢老総角

出会い

恋愛感情

● 動詞

□ **좋아하다** チョアハダ 好む

□ **싫어하다** シロハダ 嫌う

□ **당황하다** タンファンハダ
焦る 漢唐慌

□ **헌팅하다** ホンティンハダ
ナンパする

□ **고백하다** コベッカダ
告白する 漢고백告白

□ **밀당하다** ミルタンハダ
かけ引きする

* 밀다 (ミルダ 押す) と
당기다 (タンギダ 引く) の
略語

□ **착각하다** チャッカッカダ
勘違いする 漢착각錯覚

□ **바람을 피우다** パラムル ピウダ
浮気をする

□ **헤어지다** ヘオジダ 別れる

● 形容詞

□ **가슴 벅차다** カスム ポクチャダ
胸がいっぱいだ

□ **쑥스럽다** ッスクスロプタ
照れくさい

□ **한결같다** ハンギョルカッタ 一途だ

□ **사랑이 식다** サランイ シクタ
愛が冷める

* 料理が冷めるときも
식다を使う

特殊語幹用言と変格活用用言

P16では韓国語の活用は３つと紹介しましたが、
実際には３つの活用形に当てはまらない特殊な活用が
存在します。不規則な活用をする特殊語幹用言が２種類、
変格活用用言が６種類あります。

● 活用の例

❶ 語幹末（다の前）のパッチムに己がある用言は すべて己語幹用言

팔다（売る）（パルダ） ▶ **팝니다**（売ります）（パムニダ）

＊팔のパッチム己が取れる

❷ 語幹末（다の前）に母音—がある一部の用言は —語幹用言（それ以外は己変格用言）

예쁘다（きれいだ）（イェップダ） ▶ **예뻐요**（きれいです）（イェッポヨ）

＊쁘の母音の形が変化する

❸ 語幹末パッチム（다の前）に匸がある一部の用言は 匸変格用言

듣다（聞く）（トゥッタ） ▶ **들었습니다**（聞きました）（トゥロッスムニダ）

＊듣のパッチム匸が己に変化する

★ 匸正格用言の場合は…

닫다（閉める）（タッタ） ▶ **닫았습니다**（閉めました）（タダッスムニダ）

＊パッチム匸は変化しない

● 特殊語幹用言２種類

己語幹	語巻末に己を持つすべての動詞・形容詞
—語幹	語幹末に—を持つ一部の動詞・形容詞 （一部は己変格）

● 変格活用用言6種類

ㄷ変格	語巻末にㄷを持つ一部の動詞・形容詞
ㅅ変格	語巻末にㅅを持つ一部の動詞・形容詞
ㅂ変格	語巻末にㅂを持つ一部の動詞・形容詞
ㄹ変格	語巻末にㄹを持つすべての用言（一部は一語幹）
러変格	語巻末に러を持つ一部の動詞・形容詞
ㅎ変格	語巻末にㅎを持つ一部の形容詞

特殊語幹と変格活用の活用一覧表

1. 特殊語幹

特殊語幹 の種類	用言	第Ⅰ活用	第Ⅱ活用	第Ⅲ活用	その他
ㄹ語幹	팔다	팔	팔	팔아	팝니다 파십니다 팔수있다 파니까
一語幹	고프다 예쁘다	고프 예쁘	고프 예쁘	고파 예뻐	고픕니다 예쁩니다

2. 変格活用

変格の種類	用言	第Ⅰ活用	第Ⅱ活用	第Ⅲ活用
ㄷ変格	듣다	듣	들으	들어
ㅅ変格	낫다	낫	나으	나아
ㅂ変格	맵다	맵	매우	매워
ㄹ変格	빠르다	빠르	빠르	빨라
러変格	이르다	이르	이르	이르러
ㅎ変格	그렇다	그렇	그러	그래

連体形の活用

名詞を用言で修飾するときに、
用言と名詞をつなげる役割をするのが連体形です。
現在連体形と過去連体形は動詞と存在詞が同じ活用をし、
形容詞と指定詞が同じ活用をします。未来連体形だけは
4大用言(動詞、形容詞、存在詞、指定詞)すべてが同じ活用です。

● 現在連体形

❶ 形容詞の現在連体形

「〜な+名詞」「〜い+名詞」

例 예쁜 색 きれいな色　　하얀 피부 白い肌
　 イエップン セク　　　　　　ハヤン　ピブ

❷ 指定詞の現在連体形

「〜である+名詞」（〜の+名詞）

例 교사인 이선생님 教師である李先生
　 キョサイン　イソンセンニム

❸ 動詞の現在連体形

「〜ている+名詞」

例 먹는 것 食べているもの
　 モンヌン　ゴッ

❹ 存在詞の現在連体形

「〜いる／〜ある+名詞」

例 옆에 있는 사람 隣にいる人
　 ヨッペ　インヌン　サラム

＊맛있다 (マシッタ おいしい)、재미있다 (チェミイッタ おもしろい)、
　멋있다 (モシッタ 格好いい) などは、日本語では「形容詞」だが、
　韓国語では있다／없다を使った存在詞になる

● 過去連体形

　過去連体形には、過去全般を表す単純過去連体形のほかに、過去の継続や動作や現在完了を表す過去回想連体形と、遠い過去や過去完了を表す大過去連体形があります。大過去連体形は用言を問わず会話の中でしばしば用いられます。

❶ 形容詞の過去連体形
「～だった＋名詞」「～かった＋名詞」

例　예쁘던 피부 (イェップドン　ピブ)　きれいだった肌

---

❷ 指定詞の過去連体形
「～だった＋名詞」

例　교사이던 이선생님 (キョサイドン　イソンセンニム)　教師だった李先生

---

❸ 動詞の過去連体形
単純過去「～た＋名詞」、
回想過去 (現在完了)「～ていた＋名詞」

例　먹은 것 (モグン　ゴッ)　食べたもの　　먹던 것 (モクトン　ゴッ)　食べていたもの

---

❹ 存在詞の過去連体形
「～いた＋名詞」

例　옆에 있던 사람 (ヨッペ　イットン　サラム)　隣にいた人

● 未来連体形

❶ 形容詞の未来連体形
「～はずの＋名詞」

例　예쁠 산 (イェップル　サン)　美しいはずの山

❷ 指定詞の未来連体形

「～であるはずの＋名詞」

例 교사일 이선생님　教師であるはずの李先生
　　キョサイル　イソンセンニム

❸ 動詞の未来連体形

「～るはずの＋名詞」

例 먹을 것　（これから）食べるもの、食べるはずのもの
　　モグル　コッ

❹ 存在詞の未来連体形

「～はずの＋名詞」

例 옆에 있을 사람　隣にいるはずの人
　　ヨッペ　イッスル　サラム

● 連体形活用一覧表

	現在連体形	過去連体形			未来連体形
		単純過去	回想過去現在完了	大過去過去完了	
動詞	第Ⅰ活用＋는	第Ⅱ活用＋ㄴ	第Ⅰ活用＋던	第Ⅲ活用＋ㅆ던	第Ⅱ活用＋ㄹ
存在詞		第Ⅰ活用＋던			
形容詞指定詞	第Ⅱ活用＋ㄴ	第Ⅰ活用＋던			

＊動詞と存在詞は基本的には同じ活用をするが、
存在詞の単純過去だけは、第Ⅰ活用＋던を使う

助詞 一覧表	最後の文字に パッチムのない単語 例 김치 (キムチ) / 경주 (慶州) / 친구 (友だち)	最後の文字に パッチムのある単語 例 냉면 (冷麺) / 부산 (釜山) / 선생님 (先生)
が	가 (ガ) 例 김치가	이 (イ) 例 냉면이
は	는 (ヌン) 例 김치는	은 (ウン) 例 냉면은
を	를 (ルル) 例 김치를	을 (ウル) 例 냉면을
と	와 (ワ) 例 김치와 냉면 文語的表現 랑 (ラン) 例 김치랑 냉면 口語的表現	과 (クヮ) 例 냉면과 김치 文語的表現 이랑 (イラン) 例 냉면이랑 김치 口語的表現
と	하고 (ハゴ) 体言を選ばず使える口語的表現	
へ (方向)・で (手段)	로 (ロ) 例 경주로	으로 (ウロ) 例 부산으로
に (事物)	에 (エ) 例 경주에 / 부산에	
に (人物)	에게 (エゲ) / 한테 (ハンテ) 同等・目下の者に使う 例 선생님에게 / 친구한테	
から (人物)	에게서 (エゲソ) / 한테서 (ハンテソ) 同等・目下の者に使う 例 선생님에게서 / 친구한테서	
から (時間)	부터 (プト) 例 한 시 (1時) / 부터	
まで	까지 (ッカジ) 例 두 시 (2時) / 까지	
の	의 (エ) 例 선생님의 책 (本) / 저의 책→제 책 (私の本) 略体形を使う	
(~の) 上	위 (ウィ)	
(~の) 下	밑 (ミッ) / 아래 (アレ)	
(~の) 横	옆 (ヨプ)	
(~の) 前	앞 (アプ)	
(~の) 後ろ	뒤 (トゥィ)	
(~の) 中	안 (アン) / 속 (ソク)	
(~の) 外	밖 (パク)	
(~の) 右 / 左	오른쪽 (オルンッチョク) / 왼쪽 (ウエンチョク)	

注意① 語幹末に르を持つ体言は로の前でも으が入らない
　　　 例・지하철로 (地下鉄で) 연필로 (鉛筆で) 칼로 (ナイフで)
② 의は会話の中でよく省略される
③ 아래 층에 (下の階に) のように階層を表す場合は「아래」を使う
④ 内容や見えない中身を表すときには「속」を使う。
　　　 例・집 안 (家の中) 이 안 (この中) 머리 속 (頭の中) 산속 (山の中)

索引

う

著者
鶴見ユミ (つるみゆみ)

神奈川県出身。延世大学大学院・国文科にて近代文学を専攻。
韓国語講師、翻訳、通訳に従事。有限会社アイワード取締役。
韓国語をゼロから始めて1週間に一度の受講で1年以内にマスターさせるという
文法に重点を置いた講義に定評がある。
著書に『新ゼロからスタート 韓国語 文法編』『新ゼロからスタート 韓国語 会話編』
『韓国語単語スピードマスター 固有語200』(以上、Jリサーチ出版)、
『書ける! 話せる! たのしい韓国語ドリル』(高橋書店) など。
訳書に『僕は「五体満足」のお医者さん』(アスペクト) がある。
韓国語教室アイワード (池袋) https://aiword.tokyo/

本文レイアウト・DTP ● 野田明果
カバーデザイン ● 株式会社デジカル
本文・カバーイラスト ● 坂木浩子
編集 ● 円谷直子

本書へのご意見・ご感想は下記URLまでお寄せください。
https://www.jresearch.co.jp/contact/

新ゼロからスタート韓国語単語 BASIC1000

令和2年 (2020年) 7月10日　初版第1刷発行
令和6年 (2024年) 4月10日　　　　第5刷発行

著　者 ● 鶴見ユミ
発行人 ● 福田富与
発行所 ● 有限会社 Jリサーチ出版
　　　　　〒166-0002
　　　　　東京都杉並区高円寺北2-29-14-705
　　　　　電話 03 (6808) 8801 (代)　FAX 03 (5364) 5310
　　　　　編集部 03 (6808) 8806
　　　　　https://www.jresearch.co.jp
印刷所 ● 株式会社シナノ パブリッシング プレス

ISBN978-4-86392-491-8
禁無断転載。なお、乱丁、落丁はお取り替えいたします。
©2020 Yumi Tsurumi All rights reserved. Printed in Japan